Predigten gegen das Verzagen

angesichts der heutigen ungewissen und komplexen Zeit

Michael Pflaum

Predigten gegen das Verzagen

angesichts der heutigen ungewissen und komplexen Zeit

Bibliographische Information der Deutschen Nationalbibliothek
Die Deutsche Nationalbibliothek verzeichnet diese Publikation
in der deutschen Nationalbibliographie; detaillierte
bibliographische Daten sind im Internet über http://dnb.d-nb.de
abrufbar

© 2019 Michael Pflaum
Herstellung und Verlag:
BoD – Books on Demand, Norderstedt

ISBN: 9783748183129

Inhalt

Vorwort

Man könnte angesichts der immensen Herausforderungen, vor die die Menschheit steht, resignieren!
Was hilft uns, dennoch nicht zu verzagen?
Wie können wir weise mit diesen komplexen Herausforderungen umgehen?
Was motiviert uns, richtig und mit Elan zu handeln, wenn die Zukunft ungewiss ist?
Die 17 Predigten widmen sich direkt oder indirekt diesen Fragen.
Sie sollen Mut machen, auch wenn die Zukunft ungewiss ist!

1. Advent: Die Unsicherheit akzeptieren!

Bibeltext: Lk 21, 25-28.34-46

1. Advent Wir stehen am Anfang des Kirchenjahrs. Wir feiern den 1. Advent. Wir wünschen uns vielleicht ein schönes, einfaches Wohlfühl-Evangelium. Aber gegen diesen Wunsch macht uns die Leseordnung einen Strich durch die Rechnung. Am 1. Advent hören wir in jedem Lesejahr einen apokalyptischen Text: Wir hören von Krisen, Kriegen, Katastrophen. Wir hören von Ängsten. Wir werden zur Wachsamkeit aufgefordert. Und am Ende der Zeiten wird der Menschensohn die Geschichte der Menschheit vollenden.

Viele wünschen sich sicherlich am 1. Advent ein einfaches Wohlfühl-Evangelium und bekommen dies stattdessen zu hören. Damit zwingt uns der 1. Advent, dass wir uns einer grundsätzlichen Herausforderung stellen:

Herausforderung Wir Menschen leben immer in einer unsicheren, komplexen, teilweise chaotischen Welt. Zufälle passieren und können unberechenbare Folgen haben. Wir sind so vernetzt und verflochten: Ereignisse am einen Ende der Welt können unvorhersehbare Folgen am anderen Ende bewirken.

Wir wünschen uns eine sichere und überschaubare Welt. Und genau hier sagt der 1. Advent: Nein – eine völlig sichere und überschaubare Welt bekommst du nicht!

Also fragt uns der 1. Advent: Wie gehst Du mit dieser unsicheren, komplexen Welt um?

Strategien Es gibt völlig sinnvolle Strategien, um in die unsichere und komplexe Welt Sicherheit und Ordnung zu bringen. Wir haben zurecht eine Krankenversicherung, eine Rentenversicherung, eine Arbeitslosenversicherung oder eine Kfz-Versicherung. Auf gesellschaftlicher Ebene schafft die Polizei und der demokratische Rechtsstaat eine Sicherheit und Ordnung.

Und objektiv betrachtet ist unsere Zeit, wenn man in Europa lebt, eine Zeit mit unvergleichlicher Sicherheit und Ordnung! Medizinisch gab es noch nie so viel Sicherheit. Noch nie gab es in Deutschland so lange einen Staat ohne Krieg, ohne Bürgerkrieg, ohne überbordende Kriminalität. Wir Menschen haben wirklich viel Ordnung und Sicherheit in eine unsichere Welt gebracht!

Wir können sehr, sehr dankbar sein, dass wir in einer sicheren und geordneten Welt leben! Viele Menschen in Deutschland machen sich das vielleicht zu wenig bewusst!

Angst vor der ungewissen Zukunft Aber trotzdem haben Menschen in Deutschland, in Europa und auf der Welt Ängste vor der ungewissen Zukunft. Wir erleben, dass unsere selbst geschaffene Ordnung und Sicherheit nie völlig sicher ist. Und wir erleben, dass grundsätzliche Konstanten unseres sicheren Lebens der letzten 70 Jahre zu bröckeln anfangen: Die Natur ächzt unter Ausbeutung und Klimawandel. Unwetter wie Hurrikans, Tsunamis werden häufiger und stärker. So ein heißes Jahr wie das Jahr 2018 hatten wir noch nie!

Ebenso auch unser normales gesellschaftliches System ist im Wandel. Der Münchner Soziologe Nassehi meinte in einem Interview: „Das Institutionengefüge, an das wir uns gewöhnt haben, ist unter Druck geraten. Nach dem Zweiten Weltkrieg hat es der Industriestaat des Westens für eine Weile geschafft, den Eindruck zu erzeugen, die Welt lasse sich kontrollieren, Risiken und Konflikte ließen sich einhegen. Es gab gut organisierte Kämpfe zwischen Kapital und Arbeit, mit starken Gewerkschaften und Arbeitgeberverbänden, es gab Normallebensverläufe, die gewissermaßen ein kalkulierbares Leben möglich gemacht haben."[1]

Die moderne Technik und moderne Wirtschaft, die mehr Sicherheit und Ordnung bringen sollte, bringt uns neue Unsicherheit und neue Komplexität!

„Wir erleben gerade einen Realitätsschock. Krisen gab es immer schon, doch ebenso ein paar Gewissheiten, auf die wir uns verlassen zu können glaubten: Das deutsche Parteiensystem ist stabil, die USA stehen an unserer Seite, der europäische Einigungsprozess schreitet weiter voran. [...] Mittlerweile wissen wir, dass diese Sicherheiten nicht mehr gelten. Viele Menschen fühlen sich dadurch überfordert. Aber es hilft nichts: Wir müssen lernen, uns in einer Welt einzurichten, in der unsere Erwartungen viel öfter unterlaufen werden als bisher.“[2]

Wie kann man auf diese unsichere Zukunft, auf die hochkomplexe, vernetzte und unberechenbare Welt reagieren? **Falsche Antworten: Verschwörungstheoretiker** Eine falsche Antwort geben Verschwörungstheoretiker. An dieser extremen Reaktion kann man etwas sehr wichtiges verstehen. Wenn Verschwörungstheoretiker behaupten, dass eigentlich geheime Mächte in der US-Regierung die Twin-Towers zerstört haben, um einen Überwachungsstaat zu errichten und das Öl im Nahen Osten durch Kriege zu kontrollieren, dann erreichen sie in ihrem Denken etwas: Eine total unübersichtliche, hochkomplexe Welt wird auf einmal total erklärbar. Sie haben eine überschaubare Theorie und einen eindeutigen Bösewicht, auch wenn dieser eine versteckt und anonym arbeitende Machtgruppe ist – all das beseitigt unüberschaubare Komplexität, Zufälligkeit, Unberechenbarkeit. Alle Verschwörungstheoretiker haben eines gemeinsam: Sie halten absolut nicht die unüberschaubare, undurchdringliche Komplexität, Zufälligkeit, Unberechenbarkeit unserer Welt aus. Lieber einer völlig abwegigen Erklärung folgen als die Unübersichtlichkeit und Unsicherheit akzeptieren!

Aber so ist die Welt. Der 1. Advent zwingt uns dazu, wachsam die Realität anzuschauen!

Und in unserer heutigen Welt sind die Dinge „viel mehr miteinander verwoben als früher. Nehmen Sie das Finanzsystem. Milliarden werden da in Sekunden über den Globus hin- und hergeschoben, und plötzlich bringt eine Immobilienkrise in den

USA die Weltwirtschaft dem Kollaps nahe. Oder die sogenannte Flüchtlingskrise: Ein Bürgerkrieg in Syrien produziert Millionen Flüchtlinge, die bald in deutschen Turnhallen sitzen – und am Ende droht die Europäische Union auseinanderzufliegen."[3]

Falsche Antworten: Populisten und Nationalisten Eine zweiter extremer Umgang mit der unübersichtlichen Welt ist der Populismus: Sie halten einfache Lösungen für komplexe Probleme und Fragestellungen bereit. Eine Mauer zwischen Mexiko und USA bauen, Strafzölle erhöhen – Probleme gelöst. Wenn die Probleme trotzdem nicht gelöst sind, sucht man Sündenböcke: z. B. der politische Gegner, der die genialen Lösungen verhindert! Aber der Komplexität werden die einfachen Lösungen der Populisten nicht gerecht!

Der dritte extreme Umgang halten die Nationalisten bereit: Lange Zeit half der Nationalstaat, Komplexität zu bändigen. Die bürgerliche Lebensform schuf die Illusion, der Bürger habe die Kontrolle über sein eigenes Leben. Aber unsere Welt ist über Nationen hinaus zu stark vernetzt, als dass wir in einer Nation die Probleme lösen könnten. Der Brexit wird die Briten nicht zu neuer Macht und Reichtum gereichen sondern vielmehr in ein Desaster führen!

Also wie können wir positiv und sinnvoll mit der unüberschaubaren, hochkomplexen Welt umgehen?

Zwei Zitate und einige Tugenden:
Ich möchte zwei denkwürdige Zitate anführen. Der berühmte Psychologe Erich Fromm meinte einmal: „Ungewissheit ist gerade die Bedingung, die den Menschen zur Entfaltung seiner Kräfte zwingt."

Und Gerd Gigerenzer, deutscher Kognitionspsychologe, der Risikoentscheidungen erforschte, stellte lakonisch fest: „Absolute Gewissheit macht das Leben langweilig. Wer will schon alles im Voraus wissen."

Damit wir uns der Herausforderung unserer unsicheren und komplexen Welt stellen können, brauchen wir einige Tugenden:

Staunen, Demut, Beweglichkeit und Mut, Neues zu wagen, Versöhnung mit dem Nicht-Perfekten, und zuletzt Gottvertrauen aufgrund Jesu Geburt!

Staunen: Wir können die Perspektive umdrehen und uns staunend fragen, warum funktioniert eigentlich so vieles? Die moderne Welt ist unkoordiniert, und trotzdem: die U-Bahnen fahren, Flugzeuge fallen nicht vom Himmel. Man muss sich gelegentlich klarmachen, was da für eine Logistik dahintersteckt. Also, diese Welt hat eine Struktur, und trotzdem sitzen viele in dieser saturierten Gesellschaft und sagen: Nichts funktioniert!

Demut: Ich sage mir demütig, ich kann nicht alles überschauen, kontrollieren, lenken und steuern. Das müssen sich Eltern bei der Kindererziehung sagen. Noch vielmehr müssen sich das Politiker wie die Kanzlerin Merkel sagen. Die Demut verhindert uns, den größten Fehler zu machen: Nämlich weiter so zu tun, als könnten wir alle Dinge kontrollieren. Können wir nicht! Und mit dieser Nicht-Kontrollierbarkeit müssen wir rechnen und uns mit ihr arrangieren.

Beweglichkeit, Mut, Neues wagen: Wer die Komplexität und Unberechenbarkeit demütig annimmt, der kann neue Beweglichkeit und Mut entwickeln, Neues zu wagen. Dazu gehört die Demut, dass nicht alles klappen muss, ja klappen kann, weil in dieser Welt nie alle Folgen überschaubar sind!

Gottvertrauen Zuletzt schaue ich an diesem 1. Advent auf Weihnachten: Gott kommt in diese unberechenbare, unüberschaubare, unsichere Welt. Wenn Gott in diese Welt kommt, dann dürfen wir mutig Neues wagen. Der 1. Advent und Weihnachten zeigt den Weg des Christen: Der Christ soll sich nicht in einer sicheren Wohlfühlecke zurückziehen. Der Christ soll sich dem Risiko der unsicheren und komplexen Welt stellen – aber er weiß: Ich darf auf Gott vertrauen. Spätestens seit Weihnachten weiß ich: Gott ist *in* dieser unsicheren Welt!

Predigt gegen frustrierendes apokalyptisches Denken heute

Bibeltext: Mk 13, 24-32 und Dan 12,1-3,
33. Sonntag im Lesejahr B

Apokalyptische Texte Wir hörten gerade zwei apokalyptische Texte. Beide sprechen von einer Zeit der Not, einer großen Not, einer Not, wie sie noch nie da war. Doch danach kommt durch den Menschensohn, unterstützt von Engeln, die endgültige Erlösung.

Einerseits sind uns solche apokalyptischen Texte fremd. Wir glauben nicht, dass es eine Zeit der größten Not gibt und dann kommt der Menschensohn und dann kommt die volle Vollendung. Unsere Science-fiction-Filme stellen sich die ferne Zukunft anders vor: Raumschiffe fliegen zu anderen Planeten. Aber weiterhin wird es Kämpfe und Ungerechtigkeiten geben. Und irgendwann wird unsere Sonne verglühen. Spätestens dann ist kein Leben auf unserer Erde möglich.

Apokalyptische Ängste heute Andererseits sind uns apokalyptische Gedanken überhaupt nicht fremd: In den 60er und 70er Jahren fürchteten wir uns vor der totalen Zerstörung menschlichen Lebens durch einen Atombombenkrieg. Und diese Angst war ja auch nicht unbegründet, man denke nur an die Kubakrise.

Heute beherrschen uns neue apokalyptische Ängste:

- Die Zerstörung der Natur durch Klimawandel, Ausbeutung und Umweltverschmutzung.
- Die totale Überwachung und Entmachtung von uns Menschen durch Computer und künstliche Intelligenz.
- Immer größeres Chaos durch vermehrte Migration in der ganzen Welt.
- Der Zerfall von Demokratien durch rechte Populisten.

- Die Hasstiraden und Shitstorms im Internet, die jenseits von Fakten und Anstand sich austoben.
- Eine neue Weltwirtschaftskrise durch erneuten Zusammenbruch des Finanzwesens.

Also apokalyptische Ängste sind wieder brandaktuell. Und keine Frage: Die Gefahren, die Krisen, die Herausforderungen sind da. Die Frage ist nur: Wie gehen wir damit um?

Das Ziel der alten apokalyptischen Reden Wenn in der Bibel Daniel, Johannes der Täufer oder Jesus apokalyptische Predigten halten, dann wollten sie ihre Hörer aufrütteln. Sie wollten sie aus ihrer Komfortzone reißen, damit sie neu beginnen, damit sie umkehren, damit sie letztlich aus Hoffnung und Gottvertrauen auf Gottes Ruf hören und ihm folgen!

Das muss der Sinn von apokalyptischen Reden auch heute sein: Positiv Aufrütteln!

Die Gefahr des Verzagens Nur es besteht auch die Gefahr, dass eine apokalyptische Rede eine völlig gegenteilige Wirkung hervorbringt: Verzagen, Resignation, Zurückziehen, Fatalismus. „Ich kann doch sowieso nichts machen! Ich konzentriere mich allein auf meine kleine Welt und beschütze und erhalte sie!"[4]

Ein wichtiger Grund für diesen Pessimismus: Wir übersehen die Erfolge und das Gesamte. Und so fragt Bernhard Pörksen in der ZEIT zurecht: „Wie wird heute – da sich die Kriminalitätsrate in diesem Land auf dem niedrigsten Stand seit 1992 befindet, gut ein Viertel der Flüchtlinge des Jahres 2015 eine Stelle gefunden haben, die Wirtschaft brummt, die Zahl der Arbeitslosen sinkt – über unsere Gegenwart nachgedacht?"

Und zweitens: Wenn wir etwas verändern wollen, brauchen wir auch positive Motivation, brauchen wir auch Gründe für Mut und Elan. Aber bei zu viel Pessimismus prägen drei Sätze unser Denken:

- Die Zukunft wird düster!
- Diese düstere Zukunft kommt bestimmt, notwendig, unaufhaltsam!

- Wir haben keine Alternativen, wir haben keine Utopien, keine Ideen, wie wir eine Umkehr, eine Verbesserung erreichen können![5]

„All diese Untergangserzählungen zeigen das Umschlagen gut gemeinter Warnungen in einen Aufklärungs- und Bildungspessimismus, der vorschnell beerdigt, was man eigentlich befördern möchte: Autonomie, Mündigkeit, selbstbewusste Gegenwehr." (Pörksen)

Totalpessimismus rüttelt nicht auf, er vergiftet und lähmt!

Erstaunlich: Die biblischen apokalyptischen Texte wollten die Menschen aufrütteln und letztlich Hoffnung geben. Sie sagen in Kurzform:

„Kehrt um zum Glauben! Verzagt nicht!
Es kommt zwar eine Zeit der größten Not!
Aber diese Zeit geht vorüber
und dann kommt Heil von unserem Gott!"

Der heutige Totalpessimismus, die heutigen apokalyptischen Gesänge aber lassen uns verzagen, resignieren, in lähmenden Zynismus verfallen.

Warum dieser Gegensatz? Ich konnte zwei Gründe finden:

Erstens: Den heutigen apokalyptischen Gedanken fehlt der Glaube. In den Diskursen der heutigen Apokalyptikern und Pessimisten kommt Gott nicht vor. Die heutigen apokalyptischen Reden sind atheistisch! Kein Wunder, dass sie dann in Totalpessimismus verfallen!

Zweitens: Die heutigen apokalyptischen Reden übersehen, wo heute das Reich Gottes schon anbricht!

Auch heute bricht das Reich Gottes an! Diesen zweiten Grund möchte ich mit vier Überlegungen belegen!

Die erste Überlegung ist jesuanisch: Wir können zwar nicht mehr wie Daniel und Johannes der Täufer denken. Sie dachten: Jetzt erleben wir eine Zeitlang größte Not, aber danach geschieht volle Erlösung, Rettung und Vollendung. Aber wir können Jesu Erkenntnis zum Reich Gottes auch heute anwenden: Wir können das Heil im Hier und Jetzt anbrechen sehen: Das Reich Gottes beginnt jetzt schon, oft klein, immer wieder neu, oft unerwartet. *Die zweite Überlegung schaut auf die Lebensgeschichte von Tony Rinaudo*: Tony Rinaudo, Experte für Wiederaufforstung und Landwirtschaft, kämpft seit mehr als 30 Jahren unermüdlich, um verödete Gebiete in Afrika wieder fruchtbar zu machen und Menschen vor Hunger zu bewahren. Zu Beginn der 80er Jahre versuchte er zunächst in Niger Millionen Bäume neu anzupflanzen. Aber die meisten gepflanzten Bäume gingen wieder ein. Nach einigen Jahren war er verzweifelt und war der Resignation nahe. Dann aber wurde Tony in einer abgerodeten Region auf intaktes Wurzelwerk aufmerksam und begann zu experimentieren, aus den Wurzeln neue Bäume zu ziehen. Anfangs stieß er auf viel Skepsis, als er versuchte, die ansässigen Bauern zu überzeugen, für ihn ein kleines Gebiet Ackerboden abzusperren und zu schützen. Niemand wollte ihm glauben, dass eine so einfache und preiswerte Methode Erfolg haben könnte.

Schon nach einem Jahr zeigten sich Erfolge. Aus den Wurzeln waren wieder kleine Bäume und Sträucher gewachsen. Bis heute konnte mit Hilfe der von den Bauern selbst durchführbaren Renaturierung in Niger ein Gebiet von mehr als fünf Millionen Hektar regeneriert werden. Wüsten wurden wieder grün, und die Bauern, die die FMNR-Methode (Farmer managed natural renaturation - kurz FMNR) auf ihren Äckern anwandten, konnten manchmal doppelt bis dreifach so hohe Ernteerträge einfahren als vorher. Die Bauern verliehen Tony den Titel „Chef aller Bauern“. Er bekam 2018 den alternativen Nobelpreis. Seine Aufforstungsmethode verbreitet sich inzwischen auch in anderen Regionen!

Für mich ist diese Geschichte direkt und symbolisch eine Hoffnungsgeschichte:

Erstens direkt, weil sie Afrikanern hilft, aus Armut und Unterernährung herauszukommen und weil die neuen Bäume sich positiv auf das Weltklima auswirken.

16

Zweitens symbolisch: Erst dachte Tony, dass er etwas Neues einpflanzen müsse. Dann entdeckte er aber, dass er das versteckte Wurzelwerk nur pflegen musste, damit neue Bäume sprießen und wachsen können. Theologisch ausgedrückt: Das Reich Gottes ist schon da, es muss nur entdeckt und gepflegt werden.

Die dritte Überlegung ist psychologisch:
Der Psychologe Julius Kuhl beschreibt unsre menschliche Psyche mit vier Systemen, die miteinander agieren. Eines der vier Systeme erkennt einzelne Objekte sehr gut. Es ist das „Fehler-Zoom"-System. Wenn der Vater zum Sohn sagt: In diesem Aufsatz hast diese vier Rechtschreibfehler, dann betrachtet der Vater den Aufsatz nur mit dem Fehler-Zoom. Der Sohn mag dann zurecht erwidern: Ja stimmt, aber wie findest Du den Aufsatz als Ganzes? Um den Aufsatz als Ganzes zu würdigen, müssen wir mit einem anderen psychischen System arbeiten. Dieses andere psychische System schaut vernetzt, intuitiv, fühlend auf das Ganze. Mit ihm betrachten wir z. B. ein schönes Bild oder versinken in eine Sinfonie.

Wenn in unserer Gesellschaft dazu neigt, in Totalpessimismus zu verfallen, hängt sie chronisch im Fehler-Zoom fest! Sie übersieht größere Zusammenhänge, positive Aspekte und Entwicklungen. Dafür müssen wir die Perspektive wechseln.

Z. B. wenn jemand über Unpünktlichkeit der Bahn schimpft, macht er sich wirklich bewusst, wie oft er schon in einem pünktlichen Zug saß und wie komplex das Zusammenspiel aller Züge und Mitarbeiter in der Bahn ist?

Die vierte Überlegung betrifft unsere öffentliche Diskussion:
Wir sollten uns klar machen: Positives und Funktionierendes steht viel zu wenig in der Zeitung! Wir reden in den Talkshows fast nie über das, was gut läuft.

Deswegen hier einmal paar Beispiele gegen modernes apokalyptisches Denken, das in Totalpessimismus verfällt:[6]

„Gerechtes Land: Nur 16 Prozent der Deutschen fühlen sich benachteiligt"

„Todesstrafe stirbt aus: Immer mehr Staaten schaffen sie ab"
„Weniger Elend: Zahl der Menschen in extremer Armut gestern um 137.000 gefallen"
„Weniger Jugendkriminalität: Jede dritte Gefängnis Zelle in NRW bleibt leer".

Alle Überschriften entsprechen der Wahrheit. Dennoch sind sie niemals in Deutschland erschienen. Dabei ist ihr Inhalt nicht nur korrekt, sondern auch interessant.

Einige Journalisten bemühen sich inzwischen darum, mehr positive, aufbauende und lösungsorientierte Texte zu schreiben. Martin Spiewak von der ZEIT schrieb vor einigen Jahren einen Artikel, in dem er mit vielen Fakten zu belegen versuchte, dass die allermeisten Kinder in Deutschland gesund, glücklich und schlau sind – auch weil ihre Eltern bei der Erziehung vieles richtig machen. Aus vielen der Leserbriefe, die er damals erhielt, sprach die pure Erleichterung. Das Beispiel zeigt: Positive Artikel können positiv motivieren!

Aber wir müssen uns auch bewusst klar machen: Das Gute wächst häufig still und langsam. Läuft es gut, ist dies meist das Ergebnis eines langsamen Prozesses – oder eines Nichtgeschehens. Misslingen und Zerstörung geschieht dagegen oft schnell und mit viel Aufsehen!

Mein Fazit ist: Nur eine Kombination aus negativen und positiven Impulsen rüttelt uns auf!

Wir sollen nicht in Resignation verfallen aber auch nicht in Genügsamkeit und Faulheit.

Wir werden nur Mitarbeiter am wachsenden Reich Gottes, wenn wir uns aufrütteln lassen und mit einer Portion Mut, Hoffnung und Glauben die Herausforderungen dieser Welt anpacken!

Wir können unsere Einsichten zusammenfassen mit der Deutschlandflagge.

Schwarz, Rot, Gold: Unsere Flagge beschreibt eine säkulare Apokalypse. In den Freiheitskämpfen gegen Napoleon bedeutete diese Flagge für viele Deutschen: Wir leben in einer schwarzen

Zeit. Wir müssen in der nun folgenden blutigen Zeit kämpfen. Dann erreichen wir aber ein goldenes Zeitalter.

Die heutigen Totalpessimisten drehen die Reihenfolge um: Die goldene Zeit ist vorbei. Wir leben nun in blutigen Kampfzeiten und schlittern unvermeidlich in schwarze Zeiten der Zerstörung. Jesu Predigt vom anbrechenden Reich Gottes empfiehlt uns, in unsere Flagge die Logik von Yin und Yang hineinzubringen. Im schwarzen Teil gibt es einen weißen Punkt, und umgekehrt. Wir leben in einem Mischmasch von Schwarz, Rot und Gold.

Wir sollten die versteckten goldenen Nuggets heben und so neue Hoffnung und Neuanfänge hervorbringen! Und wir sollten uns nie auf Erfolgen ausruhen, sondern die Herausforderungen ernst nehmen!

Palmsonntag: Wusste Jesus von Ostern?

Bibeltexte: Abraham opfert Isaak, Gen 22, 1-18
Passionsgeschichte

Schubert Franz Schubert hat über 600 Lieder geschrieben. Er wurde zum größten und bedeutendsten Komponisten für klassische Kunstlieder. Der Liederzyklus „Die Winterreise" gehört zu den absoluten Highlights der Musikgeschichte. Aber hat Schubert gewusst, dass er diese Stellung in der Musikgeschichte innehaben wird? Wohl kaum! Beethoven war schon zu seinen Lebzeiten eine Legende und galt als der größte Komponist seiner Epoche. Ihm wurde höchste Hochachtung entgegengebracht.

Aber Schubert? Er hatte paar Freunde, die ihn unterstützten. Er hat nur einmal ein wirklich öffentliches Konzert mit seinen Werken zustande gebracht. Die meiste Musik schrieb er einfach so; aus innerem Drang; ohne zu wissen, ob jemals irgendjemand diese Musik aufführen wird. Manches konnte er veröffentlichen. Im kleinen Kreis seiner Freunde stellte er seine Musik vor. Aber er erlebte auch genügend Desinteresse: Er schickte Goethe Lieder, in denen er Goethes Gedichte vertont hatte. Goethe antwortete nie auf diese Briefe. Er erkannte nicht das Genie von Schubert.

Schubert komponierte und komponierte und komponiert, obwohl er bei den meisten Kompositionen nie wusste, ob sie jemals aufgeführt würden, oder ob er sie umsonst geschrieben hatte.

Abraham Bevor ich zu Jesus komme, betrachte ich Abraham: Gott hatte ihm Nachfahren so zahlreich wie die Sterne am Himmel versprochen. Im hohen Alter gebar Sarah seinen Sohn Isaak. Die beiden würden kein zweites Kind mehr bekommen können. Sie waren zu alt. Und nun forderte derselbe Gott, dass er seinen einzigen Sohn Isaak opfern soll. Abraham wusste nicht, dass Gott das Opfer kurz vor der Durchführung unterbinden wird.

Er musste glauben. Er musste gegen jede Vernunft und Logik in das Vertrauen in Gott springen, obwohl er nichts verstand, nichts von der Zukunft sicher wusste, obwohl er verzweifelt sich fragte, ob sein ganzes Leben umsonst war.

Abraham wusste, als er mit seinem Sohn Isaak aufbrach, genauso wenig wie Schubert, ob seine lebenslangen Bemühungen umsonst waren oder nicht. Abraham erlebte noch erleichternd, dass sein Leben nicht umsonst war. Schubert jedoch starb, ohne zu wissen, dass er nicht umsonst 600 Lieder komponiert hatte. Beethoven wusste ganz klar, dass er der größte Komponist seiner Zeit war. Schubert wusste nicht, dass er der größte Liedkomponist der Musikgeschichte wurde. Vielleicht hat er unbewusst geahnt, dass er diese Berufung hat. Und er folgte beharrlich dieser Sehnsucht und Berufung in ihm, ohne zu wissen, ob es nicht umsonst ist.

Und wie ist es mit Jesus? Um endlich meine eigentliche Frage zu erreichen, möchte ich einen Witz erzählen, der die Tiefgründigkeit meiner Frage verdeutlichen kann.

Die Jünger Petrus fragt am Karsamstag Josef von Arimathäa, ob er den Leichnam Jesu in dessen Familiengrab legen könne. Josef zögert: Da muss ich erst noch all meine Brüder und Cousins fragen, die werden sicherlich Einwände haben. Das wird schwierig. Ich glaube ich kann die nicht überzeugen. Petrus antwortet lapidar: Josef, stell Dich nicht so an, ist doch nur für zwei Tage!

Dieser Witz geht davon aus, dass Petrus wusste, dass Jesus leiblich am Ostersonntag auferstehen wird. Jedoch wissen wir aus der Bibel, dass die Jünger völlig überrascht waren von der Auferstehung Jesu. Sie erlebten die Kreuzigung Jesu als die totale Zerstörung ihres Glaubens und ihrer Hoffnungen. Sie dachten am Karsamstag: Alles umsonst! Mit dieser Diskrepanz spielt der Witz.

Bei den Jüngern ist uns ganz klar. Sie wussten am Karfreitag nicht, dass Jesu Leiden nicht sinnlos ist und dass er am Sonntag

21

siegreich auferstehen wird. Sonst wären sie nicht alle völlig perplex gewesen, als der Auferstandene ihnen erschien!

Jesus Aber wie ist es mit Jesus selbst? Wusste er im Garten Getsemani, als er verzweifelt betete, oder am Kreuz, als er rief: Mein Gott, warum hast Du mich verlassen, ob sein Kreuz und Sterben sinnvoll sei, ob er nicht umsonst das Evangelium verkündet hatte?

Wir können die Frage auch anders stellen: Natürlich glaubte Jesus an die Auferstehung der Toten. Deswegen war ihm klar, dass er nach dem Tod ein ewiges Leben bei Gott hat. Aber wusste er bzw. ahnte er, dass nach drei Tagen Gott ihn siegreich auferstehen lässt, so dass nun all sein Leiden und Sterben am Kreuz, sein ganzes Leben, Wirken und Predigen als sinnvoll und erlösend erscheint? Natürlich können wir nicht genau wissen, was Jesus dachte. Aber schon der Ausruf Jesu am Kreuz: Mein Gott, warum hast Du mich verlassen? Ist ein Hinweis, dass meine Frage legitim ist.

Nun könnte man erwidern: Jesus hat doch mehrmals sein Leiden, Sterben und Auferstehen angekündigt. Diese Stellen sind aber höchstwahrscheinlich nachösterlich.

Jesus, der historische Jesus, wusste, dass er in Lebensgefahr war. Spätestens als er die Nachricht bekam, dass sein spiritueller Lehrer, Johannes der Täufer, enthauptet wurde, war ihm klar, dass auch ihm ein gewaltsames Ende ereilen konnte. Jesus wusste, dass immer wieder Propheten starben. Er klagte Jerusalem an: Jerusalem, du tötest die Propheten! Mt 23,37. Doch aus Treue zu seinem Auftrag, das Reich Gottes zu verkünden, geht er nach Jerusalem. Jesus scheint seinen Tod als Dienst und Hingabe zu verstehen. Das drückt er auch im letzten Abendmahl aus. Der Theologe Sobrino fasst zusammen: „In der Annahme des eigenen Todes zeigt Jesus, dass er treu und barmherzig bis zum Ende ist."[7] Aber wusste er auch, ob sein Leiden in einen österlichen Sieg enden wird?

Hat der historische Jesus dies sicher bewusst gewusst?

22

Oder war ihm der Ausgang so unklar wie Abraham, als er mit seinem Sohn Isaak losging? War ihm seine heilsbringende Bedeutung so klar wie Beethoven wusste, dass er der größte Komponist seiner Zeit ist, oder war ihm seine Bedeutung so unklar, wie Schubert nicht wusste, dass er der größte Liedkomponist der Musikgeschichte werden sollte? Jesus mag sich vielleicht auch als der leidende Gottesknecht verstanden haben, wie ihn Jesaja vorausgesagt hat. Wenn er sich so verstand, hätte er seinem Leiden erlösende Bedeutung zuerkannt. Jedoch *wusste* er absolut, dass dieses Selbstverständnis auch die Aufgabe ist, die Gott ihm zuerkannt hat?

Einwand und Erwiderung Aber wenn Jesus Christus Gottes Sohn ist, wenn er die Einheit von göttlicher und menschlicher Natur ist, kann man dann überhaupt theologisch legitim diese Frage nach Jesu Ungewissheit stellen? Um diese Frage zu beantworten, kann uns Rahners wichtiger Vortrag über das Wissen und Selbstbewusstsein Christi weiterhelfen.

Rahner führt zuerst aus, dass das Lehramt und die ältere Theologie überzeugt war, dass Jesus Christus ein Wissen hatte, das alle vergangenen, gegenwärtigen und zukünftigen Wirklichkeiten umfasse. Da ergibt sich aber das Problem: Diese Behauptung eines so umfassenden expliziten Wissens Christi stimmt nicht mit den biblischen Aussagen überein.

Was macht man nun mit diesem Dilemma? Rahner betont erst einmal, dass das menschliche Bewusstsein verschiedene Schichten, Ebenen, Tiefen hat. Was ich gerade in meinem Tagesbewusstsein bedenke, ist die oberflächliche Schicht. Das kann etwas ganz anderes sein als das, was ich in der Tiefe meines Herzens unbewusst weiß. Und in der tiefsten Tiefe meines Herzens weiß ich z. B., dass ich Kind Gottes bin – auch wenn ich das bewusst selten erfasse, ja manche Menschen sogar nie bewusst begreifen.

Auf Jesus Christus angewendet bedeutet das: Jesus weiß in der tiefsten Tiefe seines Herzens, dass er von Gottvater geführt ist, dass er einen göttlichen Auftrag hat, das Reich Gottes beginnen zu lassen. Ja er weiß in der tiefsten Tiefe seines Herzens, dass er Sohn Gottes ist. Aber gleichzeitig hat der Mensch Jesus mit seinem Oberflächenbewusstsein immer auch eine ganz normal menschliche Ungewissheit.

Rahner schreibt zusammenfassend über das Selbstbewusstsein Jesu: „Das menschliche Selbstbewusstsein Jesu stand dem Gott, den Jesus seinen Vater nannte, in kreatürlicher Abständigkeit, frei, gehorsam, anbetend und sich Gottes Unbegreiflichkeit ergebend gegenüber wie jedes andere menschliche Bewusstsein."[8] Und für Jesu Selbstbewusstsein gilt, was für alle Menschen gilt: „ein echt menschliches Bewusstsein muss eine unbekannte Zukunft vor sich haben."[9]

Wenn wir diese Überlegungen Rahners auf unsere Frage anwenden, ergibt sich folgendes. Es ist theologisch legitim zu vermuten, dass Jesus in der Dunkelheit des Garten Getsemanis und im Leiden am Kreuz mit seinem Oberflächenbewusstsein wirklich nicht wusste, ob sein Leiden Sinn machte, ob seine Hingabe sinnvoll sei oder umsonst gewesen sein wird, und dass er sich am Kreuz wirklich gottverlassen fühlte. Jesus ist dann auf noch extremere Weise als Abraham in die vertrauende glaubende Ungewissheit gesprungen, wenn er am Kreuz betete: Vater, in Deine Hände gebe ich meinen Geist!

Natürlich können wir nie genau herausbekommen, was Jesus am Kreuz dachte, was er wusste und was nicht.

Meine Frage bleibt in gewisser Weise: Ist sich Jesus seiner Bedeutung am Karfreitag so unklar wie Schuberts Nichtwissen seiner Bedeutung? Oder ist sich Jesus seiner Bedeutung am Karfreitag so klar wie Beethovens Wissen um seine Bedeutung? Wir werden diese Frage nie ganz lösen.

Doch einiges weist darauf hin, dass Jesus mit seinem Oberflächenbewusstsein nicht wusste, ob nun sein Kreuzweg sinnvoll sei oder nicht, dass Jesus am Karfreitag nicht wusste, dass sich in drei Tagen das Osterwunder ereignen würde.

Und ich finde persönlich eine Ungewissheit Jesu am Karfreitag tröstlicher. Diese Ungewissheit macht Jesus radikal solidarisch mit allen Leidenden mit der Welt, die nicht mehr weiter wissen und sich fragen, ob ihr Leben nicht sinnlos ist. Und vielleicht ist seine Erlösungstat durch diese Ungewissheit und Solidarität noch tiefer und heilender.

Predigt gegen die Komplexitätsvergessenheit

Bibeltext: Lk 4, 21-30, 4. Sonntag im Lesejahr C

Gut gemeint ist nicht immer erfolgreich Jesus hat in seiner eigenen Heimatstadt keinen Erfolg. Das Evangelium gibt uns eine einfache Erklärung: Kein Prophet wird in seiner Heimat anerkannt. Jedoch erstaunt es schon, dass Jesus in anderen Städten wie Kafarnaum so viel Zuspruch bekommt, so viele Menschen heilen kann, so viele Menschen zu seiner Predigt kommen – und in Nazareth wollen sie ihn sogar den Abhang des Berges hinunterwerfen.

Die Frage, die uns die Geschichte stellt, bekommt heutzutage eine ganz neue Dimension, wenn wir sie allgemein stellen: das, was jemand als gut gemeint erreichen will, erreicht er nicht immer. Der Schuss kann nach hinten losgehen. Die Wirklichkeit, unsere moderne Gesellschaft ist so unübersichtlich und komplex geworden, dass sie sich nicht einfach und geradlinig steuern lässt. Eine wirklich zentrale Frage für heutige Politik lautet deswegen gemäß dem in München lehrenden Soziologen Nassehi: „Was muss man tun, um Steuerungsstrategien nicht gegen die Kraft der komplexen Gesellschaft zum Einsatz zu bringen, sondern mit ihrem eigenen Drive, mit der Dynamik ihrer eigenen Struktur, ihrer eigenen Zugzwänge, etwas zu erreichen – ganz so, wie ein asiatischer Kampfsportler den Drive seines Gegners aufnimmt und mitgeht, um ihn zu besiegen, und eben nicht einfach zerstörerisch dagegenhält."[10]

In dieser Predigt möchte ich zwei wichtige Dinge darlegen: Erstens einen Eindruck vermitteln, wie komplex, vernetzt und unüberschaubar unsere moderne Welt heute ist. Zweitens aus welchen Gründen eindimensionale Strategien heutzutage scheitern. Das Fazit lautet dann in Kurzform: Nur ein Denken, das sich dieser modernen Komplexität stellt, kann heute passend gestalten.

Moderne Gesellschaft ist plural und komplex In seinem Buch „Kritik der komplexitätsvergessenen Vernunft" erzählt Nassehi ausführlich vom Streit zwischen dem Papst Urban VIII. und dem Physiker Galileo Galilei, weil er an diesem Konflikt eine wesentliche Eigenschaft unserer heutigen Welt verdeutlichen kann:

Im Mittelalter war die Kirche die weltumspannende Institution, die Theologie die alles bestimmende Wissenschaft und alles Streben hatte letztlich ein Ziel: Man trachtete danach, das ewige Heil bei Gott zu erlangen und nicht verdammt zu werden. Was wahr ist, bestimmte der Glaube, die Kirche, die Theologie, der Papst. Galileo war nun so dreist und durchbrach diesen universalen Anspruch und diese Einheit und sagte: Meine Forschungsergebnisse haben mit Bibel, Theologie und dem Wahrheitsanspruch der Kirche nichts zu tun. Das ist eine völlig andere Vernunft, Wahrheit und Wahrheitsfindungsmethode. Galileo ließ sich auf Vermittlungsangebote der Kirche nicht ein, die seine Theorie als bloß mathematisches Modell ins Gesamte der damalig einheitlichen Welt einordnen wollte.

Plötzlich gab es nicht nur eine Weltsicht, die alles erklärte und in ihre Sichtweise einordnete: die religiös-christlich-kirchliche Weltsicht. Sie war nicht mehr die alles umfassende Weltsicht. Plötzlich gab es auch eine mathematisch-naturwissenschaftliche Weltsicht, die nach völlig anderen Regeln und Weisen dachte und arbeitete und Wahrheit völlig anders verstand.

Heute haben wir es nicht mit zwei sondern mit vielen Systemen und Weltsichten zu tun: Wissenschaften, Politik, Wirtschaft, Rechtssysteme, Massenmedien, Kunst und Sport, Religion. Und innerhalb dieser Systeme nochmals miteinander streitenden Sichtweisen.

Wie unterschiedlich z. B. Politik, Wirtschaft und Recht ticken, denken und funktionieren, zeigte der Dieselskandal: Die Fahrverbote in Innenstädten sind ein Ärgernis für viele Politiker und die Wirtschaft. Aber ein Jurist denkt anders als ein Verkehrsminister oder Automanager!

Die unterschiedlichen Systeme sind in der Moderne sehr erfolgreich gewesen. Was wären wir ohne moderne Technik, ohne modernes Recht und ohne moderne parlamentarische Demokratien. Aber all diese Systeme haben auch die Tendenz, sich auszubreiten und als universal zu erscheinen. Zum Beispiel die moderne Wirtschaft – heute hat so ziemlich alles einen Preis. So ziemlich alles kann man kaufen, sogar die Zeit, die jemand für einen anderen in einer Schlange ansteht.

Nassehi fasst es so zusammen: „In allen gesellschaftlichen Bereichen reden inzwischen unterschiedlichste Instanzen gleichzeitig mit. Die Zentralperspektive wird aufgehoben." Wir haben keinen König, keinen Papst, der alles von oben bestimmt. Wir haben Gewaltenteilung. „Es entsteht eine komplexe Wechselseitigkeit von Unkoordiniertem, das doch aufeinander bezogen werden muss. Es entsteht damit das, worum es [heutzutage] geht: Komplexität."[11]

Einsicht und effektive Veränderung Diese komplexe Vernetztheit macht es uns oft unmöglich, einfach überschaubar unsere guten Absichten umzusetzen. Der Soziologe verdeutlicht dies seinen Erstsemestlern an einem alltäglichen Beispiel:

Viele von uns hatten schon die Einsicht, dass normale Milch zu billig ist. Ihr Preis ist unter den Herstellungskosten! Aber kaufen alle Menschen, die diese Einsicht haben, dann auch die teurere Milch der regionalen Bauernverbände?

Rein in einem Gedankenspiel wäre nun schon folgendes möglich: Viele Verbraucher boykottieren die Discounterladen, kaufen Biomilch, teurere Milch aus regionalen Bauernverbünde und Ökobauern.

Soweit, so gut. Aber in Wirklichkeit passiert das selten. Der Sprung von der Einsicht zum Handeln gelingt selten. Wie kommt man vom individuellen Handeln zur kollektiven Wirkung, zur effektiven Veränderung in der Gesellschaft?

Die Studenten kommen auf folgende Ideen: „Entweder müssen eben alle von der vernünftigen Idee überzeugt werden, oder aber es muss so etwas wie eine kollektive Solidarität geben und der Einzelne sich zugunsten der Integrität des Ganzen einschränken."[12] In der Diskussion merken sie bald: „Es ist – auf den ersten Blick – nicht schwer das Richtige zu erkennen, es scheint auch nicht schwer zu sein, richtiges Handeln zu qualifizieren. Das aber scheitert irgendwie stets an den anderen."[13] Der Sprung zur effektiven Veränderung der ganzen Gesellschaft gelingt selten. Scheitert er immer an den „anderen"? Wenn Nassehi dann die Studierenden fragt, ob sie alle Discountermilch meiden, dann erzählen viele: Ich habe nicht so viel Geld, die Mieten sind hoch, der Studiengang lässt keine Zeit zum Nebenher-Jobben.

Da meldet sich also der Ökonom in ihnen. Sie kommen zu einer wichtigen Einsicht: Wenn sie Milch kaufen, melden sich schon in ihnen mehrere Stimmen:

Der Ökonom im Studenten sagt: Schau auf dein Geld, hier bei der Discountermilch kannst du sparen.

Der umweltbewusste Politiker im Studenten sagt vereint mit der moralischen Stimme: Kaufe die teurere Biomilch, damit unterstützt Du einheimische Bauern.

Und der skeptische Politiker sagt: Die europäische Agrarpolitik muss sich ändern. Ich als Einzelner kann nichts ausrichten.

Also schon in uns streiten die verschiedenen Sichtweisen miteinander, die auch in der Gesellschaft miteinander komplex verwoben sind und auch miteinander konkurrieren. Und nun?

Drei Wege, die Komplexität unterschätzen Es gibt drei typische Reaktionsweisen, die die Komplexität nicht genügend ernst nehmen. Es ist wichtig, sie zu erkennen, weil wir dann auch Fehlwege in der heutigen Zeit schneller erkennen:

1. Ich entwerfe einen Masterplan, wie es sein sollte, und dann versuche ich die Gesellschaft nach diesem Masterplan umzubauen. Niko Paech z. B. will so die Gesellschaft in eine

Postwachstumsgesellschaft umbauen. Linke Denker allgemein haben die Tendenz, so vorgehen zu wollen. Der Fehler der Masterplan-Denker: Ich maße mir an, die Gesellschaft von einem Punkt aus verstehen, beurteilen und umbauen zu können. Aber das macht ja die große Komplexität und Vernetztheit aus, dass es einen solchen Punkt nicht mehr gibt!

Um im Bild gesprochen: Ich kann das Schiff „Gesellschaft" nicht in eine Werft fahren und dann in einer Werft nach einem Plan umbauen. Ich kann nur auf hoher See das Schiff verändern, wobei mir klar sein muss, dass es auf diesem Schiff nicht einen obersten Kapitän gibt und auch keinen Ort, von dem ein Kapitän alles steuern könnte! Jeder Umbau des Schiffes auf hoher See an einer Ecke hat Wirkungen an verschiedenen anderen Ecken, die wiederum auf andere Bereiche und Ort zurück wirken.

2. Die bürgerlich-konservative Idee ist der moralische Appell: Ich hoffe, durch moralische Appelle bei vielen Menschen Einsicht zu schaffen und dadurch auch kollektives Verhalten zu ändern. Aber unser Milchkauf-Beispiel zeigt, dass moralische Appelle nicht den Sprung zu kollektiven Veränderungen initiieren können.

3. Schließlich gibt es die rechte-nationale Lösungsstrategie: Sie will die Komplexität und Vernetztheit reduzieren, indem sie eine abgegrenzte nationalen-ethischen Einheit erschafft. Das funktioniert natürlich auch nicht! Eine Mauer zwischen Mexiko und USA und Handelszölle reduziert nicht die Komplexität der hochmodernen Gesellschaft in den USA. Ein Schiff auf dem Meer kann man nicht dadurch vor der Unwägbarkeit des Meeres schützen, indem man eine Mauer im Meer um das Schiff herum baut!

Was nun? Uns bleibt nichts anderes übrig, als das Schiff Gesellschaft, das keinen Kapitän hat, auf offener See umzubauen. Das geht nur durch Weisheit, nicht allein durch Klugheit: Klugheit denkt nur linear, Weisheit stellt sich auch der Komplexität und Vernetztheit.

Das geht nur durch Kommunikation zwischen den Gruppierungen und Verantwortlichen, durch eine Demokratie mit Gewaltenteilung und guter Streitkultur.

Das geht nicht durch einen großen Masterplan, sondern durch ein „Patchwork aus unterschiedlichen Experimenten", wie Harald Welzer in seinem Buch „Selbst Denken" empfiehlt.[14]

Das geht nur

- durch Bescheidenheit, dass ich die Grenzen meines Wissens angesichts der Komplexität akzeptiere,
- durch Selbstkritik und Achtsamkeit, wie das, was ich probiere, weiter verläuft, und zuletzt
- durch Zuversicht, dass Veränderung, Wandel und Fortschritt auch in einer modernen komplexen Gesellschaft möglich ist.

Jesus hat sich nicht durch seinen Misserfolg in Nazareth entmutigen lassen. Nehmen wir uns ihn zum Vorbild, wenn wir angesichts der heutigen Herausforderungen zu verzagen drohen.

Weisheit in einer komplexen Welt

Bibeltext: Lk 6, 27-38, 7. Sonntag im Lesejahr C

Jesus lehrte weises Handeln Wir verstehen diese Predigt Jesu normalerweise moralisch: Du solltest deine Feinde lieben. Du solltest denen Gutes tun, die dich hassen.

Wenn wir uns die Beispiele anschauen und in den historischen Kontext einsetzen, kann man Jesu Ratschläge auch weisheitlich verstehen. Es ist weise und geschickt, wenn Du die andere Wange hinhältst! Warum? Wenn man mit der rechten Hand die rechte Backe schlagen will, dann muss man die Rückhand benutzen. Damals und in vielen Kulturen auch heute noch gilt das als Erniedrigung: Der Herr schlägt den Sklaven mit der rechten Rückhand auf die rechte Wange. Der römische Soldat schlägt den Juden mit der rechten Rückhand auf die rechte Wange. Kein Sklave hält freiwillig die rechte Wange hin. Wenn man das tut, verwirrt man den anderen. Man stellt mit dieser Geste die Frage: Willst du dich über mich stellen? Oder willst du mich gleichberechtigt behandeln? Überlege Dir es! Denn wenn Du mich jetzt schlägst, dann klappt deine Aktion nicht. Denn ich habe freiwillig meine rechte Wange hingehalten.

Wir können also auch Jesus so verstehen: Er empfiehlt uns mit seinen Tipps, in vertrackten Situation, in einer Zwickmühle, in einer Sackgasse weise zu handeln. Als die Pharisäer Jesus fragten, ob man dem Kaiser Steuern zahlen solle, war er auch in einer Zwickmühle. Und er antwortete nicht mit ja oder nein sondern weise: Gebt dem Kaiser, was dem Kaiser gehört; und Gott, was Gott gehört.

Weisheit ist heute mehr denn je gefragt: Unsere komplexe und unsichere Welt fordert uns heraus, weise und klug zu handeln. Aber was ist weises und kluges Handeln in komplexen Situationen?

Entscheiden in komplexen Situationen Der Bamberger Psychologieprofesser Dietrich Dörner hat genau das untersucht. Er entwickelte ein Computerspiel, in dem seine Testpersonen ein fiktives Gebiet namens Tanaland im Osten Afrikas, in der Savanne betreuen durften. Die Testpersonen waren quasi in Tanaland Politiker mit Gestaltungsmacht. Immer nach 10 Jahren durften sie eingreifen, insgesamt sechs Mal, nach 60 Jahren war das Spiel abgeschlossen. Natürlich 60 Jahre in der Spielwelt, nicht in der realen Welt. Sie durften Düngung anordnen, Bewässerungsanlagen bauen, die Region elektrifizieren, Maßnahmen für Geburtenkontrolle einführen usw.

Man konnte, wenn man weise Entscheidungen fällte, Tanaland langsam aber stetig weiter entwickeln. Man konnte aber auch mit einigen ungünstigen Entscheidungen die ganze Lage in Tanaland massiv verschlechtern, quasi Tanaland an die Wand fahren.

Das Spiel Tanaland bildet eine komplexe Welt ab! Ein Beispiel: Kleinsäuger wie Mäuse, Ratten und Affen fressen Erträge von Feldfrüchten weg. Wenn man nur einlinig und nicht komplex die Zusammenhänge betrachtet, denkt man: Ich beseitige durch Jagd und Fallen diese Schmarotzer, dann habe ich mehr Ernteerträge. Was man aber übersieht: Die Kleinsäuger fressen die Insekten, die ebenfalls, wenn sie in großer Zahl auftauchen, die Ernten zerstören können. Wenn die Kleinsäuger ausgerottet werden, vermehren sich die Insekten ungehemmt. Unterm Strich kann langfristig die Ausrottung der Kleinsäuger nachteilig sein.

Erstes Fazit: Nicht weise ist, wenn ich komplexe Systeme nicht komplex behandle, sondern linear behandle. Dann unterschätze ich die Komplexität.

Dörner ließ verschiedene Menschen dieses Spiel spielen und verglich die Ergebnisse. Erstaunliches zeigte sich, wenn man die Spielergebnisse von Studenten und erfahrenen langjährigen Managern vergleicht. Im Durchschnitt hatten die Studenten am Schluss viel weniger Rinder und Weideland als die erfahrenen Manager. Die Studenten hatten im Spiel auch viel mehr Kapital verloren. Alle Testpersonen waren intelligent und hatten keine Vorerfahrungen im „Managament" eines Landstrichs einer Sahelzone. Warum schnitten die Manager besser ab?

Weil sie durch ihre Lebenserfahrung im Beruf trainierter waren, in komplexen Situationen weise Entscheidungen zu fällen: Weisheit denkt nicht linear und hält sich nicht an vorgefertigten Regeln. Nur so kann sie komplexe Situationen meistern: „Beim Umgang mit einem komplexen Problemen kann man die Behandlung der verschiedenen Situationen gewöhnlich nicht „über einen Kamm scheren". Manchmal ist es notwendig, genau zu analysieren, manchmal sollte man nur grob hingucken. Manchmal sollte man sich also ein umfassendes, aber nur „holzschnittartiges" Bild von der jeweiligen Situation machen. Manchmal hingegen sollte man den Details viel Aufmerksamkeit widmen. Manchmal sollte man viel Zeit und Energie in die Planung stecken, manchmal sollte man genau dies bleiben lassen. Manchmal sollte man sich seine Ziele ganz klarmachen und erst genau analysieren, was man eigentlich erreichen will, bevor man handelt. Manchmal aber sollte man einfach „loswursteln". Manchmal sollte man mehr „ganzheitlich", mehr in Bildern denken, manchmal mehr „analytisch". Manchmal sollte man abwarten und beobachten, was sich so tut; manchmal ist es vernünftig, sehr schnell etwas zu tun. [...] Alles zu seiner Zeit, jeweils unter Beachtung der Umstände. Es gibt nicht die eine, allgemeine, immer anwendbare Regel"[15]

Anders ausgedrückt: Weisheit ist nicht nur Intuition und Bachgefühl sondern wenn ich meine Intuition UND mein klar vernünftiges Denken einsetzen kann, wenn ich weiß, wann ich aktiv werde und wann ich kontemplativ abwarte oder erst einmal ausführlich analysiere und plane.[16]

Komplexität Aber was ist eigentliche eine komplexe Situation bzw. Herausforderung? Der Aufbau eines Motors ist zwar kompliziert aber nicht komplex. Es gibt klare Pläne für den Aufbau und der Motor macht immer dasselbe, wenn er funktioniert. Der Straßenverkehr und die Entstehung eines Staus auf der Autobahn dagegen sind komplex: Jeden Tag um 10:00 Uhr ist auf der A3 eine andere Verkehrssituationen. Staus kommen quasi aus dem Nichts. Ein Autofahrer bremst plötzlich, obwohl er gar nicht zu nah am Vordermann dran ist. Vielleicht hatte er Schluckauf, und schon entsteht im zähflüssigen Verkehr ein Stau.

Komplexität möchte ich kompakt mit drei Punkten beschreiben:
1. Umso mehr Variablen und Merkmale in einem System voneinander abhängen, umso komplexer ist das System. Ein Eingriff, der einen Teil des Systems betrifft oder betreffen soll, wirkt bei einer solchen Vernetztheit immer auch auf viele andere Teile des Systems. Es gibt immer Neben- und Fernwirkungen und Rückkopplungen.

2. Komplexe Systeme haben eine Eigendynamik: Ein Teich kann ein stabiles Ökosystem sein, dann ist das komplexe System in lebendiger Balance, oder er kann anfangen zu vermodern und umzukippen.

3. Intransparenz: In komplexen Systemen oder Situationen wissen wir nie alles und verstehen auch nie alles. Ein Fahrrad lässt sich klar verstehen und auch klar reparieren. Aber ob das Arzneimittel X beim Patienten Y wirklich die Krankheit heilt, das ist nicht immer klar. Denn noch kein Mensch versteht das komplexe biochemische System „menschlicher Körper". Und auseinandernehmen wie ein Fahrrad können wir den menschlichen Körper im lebendigen Zustand auch nicht.

Wir Menschen können Komplexität schon erfassen, intuitiv, mit Bauchgefühl: Ein erfahrener Autofahrer erfasst das Ganze des Verkehrs in Millisekunden. Er bildet unbewusst eine „Gestalt" des Ganzen und weiß dann, ob er bremsen muss oder den Wagen ausrollen lassen kann. Ein Anfänger erfasst nicht das komplexe Ganze. Für ihn sind es nur viele Autos, die irgendwie fahren und ihn evtl. überfordern.[17]

Was weises Handeln nicht ist und was Weisheit ist Ich möchte nun paar Impulse zur Anregungen geben, wann wir in komplexen Situationen weise handeln und wann nicht:
Wir werden komplexen Situationen nicht gerecht,
- wenn wir unsere Ziele nicht konkretisieren,
- wenn wir nicht erkennen, wenn Teilziele sich gegenseitig eigentlich widersprechen,
- wenn wir keine klaren Schwerpunkte bilden,
- wenn wir die notwendige Modellbildung nur unzureichend oder gar nicht erstellen,
- wenn wir Informationen nur einseitig oder unzulänglich sammeln,
- wenn wir exponentielles Wachstum unterschätzen,
- wenn wir Planung völlig vernachlässigen,
- wenn wir nicht regelmäßig kontrollieren, ob Fehler oder Fehlentwicklungen auftauchen, und dann diese korrigieren,[18]
- wenn wir in scharfen Alternativen denken: Gut oder böse, richtig oder falsch. Komplexe Situationen muss man differenzierter betrachten und bewerten.

Weisheit dagegen kann mit Komplexität umgehen:
- Sie kommt aus Lebenserfahrung, aus einem Wissen zu existentiellen Lebensfragen, aus Einsichten in die Hintergründe der menschlichen Natur

Weisheit beinhaltet auch
- strategisches Wissen,
- Fähigkeit zu Querverbindungen und zur Einbeziehung größere Kontexte und Zusammenhänge,
- Toleranz mit anderen Weltsichten und Fähigkeit mit Menschen umzugehen, die anders ticken, und ist darauf bedacht, eine Balance von Gemeinwohl und Wohl der Einzelnen herzustellen

- Wissen um die Ungewissheit und Vermögen, mit dieser Ungewissheit kreativ umzugehen
- Bereit, etwas auszuprobieren und aus Fehlern zu lernen
- Ein weiser Mensch kann sich neuen Herausforderungen stellen, eine gute Balance wieder finden und Extreme meiden.

Jesus hat uns in unserem Evangelium mehrere zentrale Weisheitstipps mitgegeben:

Die Goldene Regel – Was ihr von anderen erwartet, das tut ebenso auch ihnen.

Nicht einseitig urteilen – Richtet nicht!

Nicht in Hass verfallen – Ihr aber sollt eure Feinde lieben!

Es sind Weisheitsratschläge, die wir heute noch in unserer komplexen Welt gebrauchen können!

Göttliche Weisheit Wir sollten nicht nur Weisheit anstreben, wir sollten der Weisheit auch vertrauen. Denn die Weisheit ist schon im Alten Testament eine göttliche Gabe. Gott selbst schenkt uns Weisheit. Wir können um Weisheit und Einsicht bitten. Im Gebet öffnen wir uns der göttlichen Weisheit! Im Kontakt mit Gott verzagen wir nicht, sondern werden zur rechten Zeit mit Weisheit beschenkt!

Quantitative und qualitative Veränderung

Bibeltext: Gen 18, 20-32, 17. Sonntag im Lesejahr C

Abraham verhandelt mit Gott: Gott möge sich mit seiner Strafe zurückhalten, wenn er 50 Gerechte fände. Oder reichen auch 45 Gerechte? 40 Gerechte? 30 Gerechte? 20 Gerechte? Er kann Gott auf 10 Gerechte herunterhandeln!

Abraham hat Mitleid mit Lot. Er weiß, dass er ein Gerechter ist und möchte sich für ihn und seine Familie einsetzen. Also was passiert hier eigentlich? Ein kaltherziges Verhandeln von Zahlen? Oder ein warmherziger Einsatz für Mitmenschen?

Ich finde faszinierend an dieser Geschichte, wie Quantität und Qualität hier ineinander umschlagen. Einerseits geht es nur um Quantität: 50 oder 45 oder 40 oder 30 oder 20 oder 10?

Andererseits spielt sich unter dieser quantitativen Fassade eine qualitative Veränderung ab: Gott lässt sich in seinem Herzen bewegen. Gott blockt die Argumente des Abraham nicht ab. Abraham lädt Gott ein, seinen Blick nicht auf die Sünder sondern auf die Gerechten zu richten, auch wenn es nur ganz wenige sind. Er lädt Gott ein zu einer Haltungsänderung und Blickrichtungsänderung!

Quantität kann in Qualität umschlagen! Wenn die Meeresbiologin Antje Boetius und mit ihr viele andere Wissenschaftler, Umweltschützer und Politiker, fordert: Der Preis für fossile Brennstoffe muss höher sein. Der Verbrauch von CO_2 muss etwas kosten. Dann will sie eine qualitative Veränderung durch Quantitätsänderung. Und sie hat Recht!

Wir werden im weltweiten Kapitalismus eine ökologisch sinnvollere Marschrichtung nur dann erreichen, wenn der CO_2-Ausstoß im Preis einbezogen wird. Fliegen, Transporte von Waren über die Weltmeere usw. – das ist zu billig![19]

Wenn der Preis für fossile Brennstoffe und CO_2-Ausstoß kontinuierlich steigt, z. B. durch ein Lizenzsystem, so wie

Abraham kontinuierlich mit der Zahl der Gerechten runter geht, können wir eine qualitative Veränderung unserer Weltwirtschaft erreichen: Sie wird ökologischer, umweltfreundlicher, nachhaltiger!

Manchmal aber erreichen Quantitätsveränderung keine Qualitätsveränderung! Dennis Snower ist Präsident des Kieler Instituts für Weltwirtschaft warnt davor, einfach mehr staatliche Wohltaten zu verteilen. Wenn heutige Menschen sich unsicher und ohnmächtig fühlen und die Politik darauf nur mit quantitativen Veränderungen reagiert, also da mehr Kindergeld, dort eine Steuererleichterung usw. – dann werden sie wütend. Zitat: „Die Politik kann Hartz IV noch so oft reformieren, sie wird den Menschen nicht ihre Ängste und Ohnmachtsgefühlen nehmen können."[20]

Snower mahnt an, dass wir in Deutschland mehr sozialen Zusammenhalt brauchen. Auch wenn er kein Allheilmittel kennt, könnte vielleicht die Einführung eines verpflichtenden Zivildienstes für alle jungen Erwachsenen das Gemeinschaftsgefühl in Deutschland wieder fördern! Viktor Frankl, der Begründer der Logotherapie wies schon darauf hin, dass junge Arbeitslose besonders unter der Sinnlosigkeit ihres Daseins leiden. Wenn sie dagegen eine Aufgabe im Verein oder ähnliches hatten, verfielen sie nicht in diese Verzweiflung, auch wenn sie arm waren.

Visionen und Ziele Um aus den Ängsten, Ohnmachtsgefühlen und Sinnlosigkeitsempfinden ausbrechen zu können, brauchen wir Menschen ermutigende Visionen und Hoffnungen, wir brauchen sinnvolle Ziele und Herausforderungen. Abraham hatte von Gott genauso eine Vision und so ein Ziel bekommen: Deine Nachkommen werden so zahlreich sein, wie die Sterne am Himmel.

Konrad Adenauer und Charles de Gaulle hatten auch so eine Vision und so ein Ziel: ein Europa, in dem Deutschland und Frankreich nicht miteinander verfeindet sind, sondern ein Europa, in dem viele Nationen zum Wohle ihrer Bürger zusammenarbeiten.

Das Ziel des 21. Jahrhunderts ist eigentlich offensichtlich: Menschenwürdiges Leben für nachkommende Generationen ermöglichen, in dem wir die Zerstörung der Ökosysteme und den Klimawandel verringern. Aber wie kann man dieses Ziel zu einer attraktiven Vision machen, die Menschen aus der Ohnmacht zum Erleben von Sinn führt?

Es braucht dazu auf jeden Fall eine Kombination aus Qualität und Quantität, aus Vision und Regelveränderung. Die Firma World's Global Style Network versucht, neue Trends und Moden vorherzusagen. Sie kann aufkeimende neue Trends und Moden nur durch eine Kombination aus Mathe und Magie entdecken: Mathe – Welche Kleidungsstücke wurden im letzten Monat mehr gekauft? Usw. Magie – hat eine neue Kollektion Ausstrahlung, Esprit, Magie?[21] Wir können auch sagen, dass hier Verstand und Intuition zusammenarbeiten. Diese Kombination brauchen wir auch, um unsere größte Herausforderung im 21. Jahrhundert zu bewältigen.

Was ist eigentlich radikal, was normal? Jedenfalls erreichen wir es nicht durch Mittelmäßigkeit. Bernd Ulrich schrieb in der ZEIT im Juni 2018 einen wichtigen Grundsatzartikel, in dem er fordert: Nur kleine, graduelle Veränderungen werden den heutigen immensen Herausforderungen nicht gerecht.

Wir brauchen eine radikalere Politik, weil nur sie adäquat auf die großen und drängenden Herausforderungen unserer Zeit antwortet.

Ein Beispiel: Pflegenotstand! „Die Bundesregierung hat beschlossen, 13 000 neue Pflegestellen zu schaffen, was pro Altenheim einen Zuwachs von weniger als einer Pflegekraft bedeutet, mehr Hohn als Hilfe. Doch nicht einmal diese Zahl wird sie auftreiben können, weil die Arbeitsbedingungen zu schlecht sind und der Lohn zu niedrig ist. Eine rasche Angleichung der Löhne von Frauen, die Alte pflegen, an die Löhne von Männern,

die Maschinen zusammenbauen, würde in den Heimen gleich einen ganzen Schwung von handfesten Problemen beseitigen, außerdem Gerechtigkeit schaffen und diesen existenziellen Stress der Menschen (wohin mit den Eltern?) vermindern.“[22]
Ein anderes Beispiel: Radikalere Vorschläge der Grünen wurden regelmäßig in der Öffentlichkeit totgebrüllt. Der Veggie-Day, um den Fleischkonsum zu reduzieren. Eigentlich eine sehr katholische Idee: einen Fasttag bewusst einhalten! Oder eine Erhöhung der Benzinkosten, um den Autoverkehr zu reduzieren! Dann brüllen viele: Seid ihr wahnsinnig! Aber was ist eigentlich wahnsinnig?
Radikal wahnsinnig ist eigentlich unsere jetzige Normalität: „Diese Gesellschaft produziert extremen Reichtum; sie erzeugt massive Nebenwirkungen im Rest der Welt; sie verbraucht sechzig Kilo Fleisch pro Kopf und Jahr (Vegetarier, Veganer und Säuglinge mit eingerechnet) und opfert dabei die uns bekannte Heimat; sie hinterlässt jährlich 40 Milliarden Plastikhalme; sie steigert immer wieder die Pkw-Dichte; sie lässt diejenigen mit der härtesten Arbeit mit den geringsten Löhnen zurück; sie verbraucht immer mehr Flächen; sie rottet immer mehr Vogelarten aus. Und so weiter. Es gibt offenbar einen Extremismus der Normalität. Die Öffentlichkeit müsste es als ihre größte und dringendste Aufgabe begreifen, diesen Schleier der Normalität zu lüften, schlicht gesagt: aufzuklären.“[23]
Radikal bedeutet eigentlich: Wurzel! Wir brauchen keine kosmetische Veränderung, wir brauchen Ursachenbekämpfung! Wir müssen die Probleme an der Wurzel anpacken! Ansonsten sterben uns z. B. die restlichen Bienen und Hummeln weg! Wir werden immer mehr Wetterextreme und Missernten erleben! Kämpfe um Wasser und fruchtbares Land werden Kriege und Leid über die Menschen bringen! usw
Und solche wichtigen Radikalisierungen im besten Sinne, als Ursachenbekämpfungen gelingen nur mit dem Staat, mit den Politikern und den Parteien: „Um etwas von der Welt zu erhalten,

41

wie man sie kannte, muss heute so vieles so rasch verändert werden, dass diese Institutionen, dass dieser Staat verteidigt werden muss als Gerüst und Gerippe des Neuen. Nicht zuletzt dient die neue realistische Radikalität keineswegs dazu, die Leute aufzustacheln, sondern Menschen, Tiere und Ressourcen zu schonen. Eine Politik der Schonung ist in einer überbevölkerten, überlärmten, übernutzten Welt vielleicht die einzige Chance, es miteinander auszuhalten."[24]

Gleichzeitig sind die vielen Aktionen von Engagierten, von Vereinen und Nichtregierungsorganisationen vorbildlich und zeigen, wie es auch gehen kann!

Bei Abraham und Gott ging es auch um nichts Geringeres als um Menschenleben. Heute geht es nicht um 50 oder 10 Gerechte, sondern um die zukünftigen Milliarden von Menschen, die nach uns auch ein tägliches Brot haben wollen, also menschenwürdig leben wollen. Da sind auch Kinder und Kindeskinder von uns dabei!

Abraham ist mit dem Segen Gottes in ein fremdes Land aufgebrochen. Wir müssen auch in eine neue Zeit aufbrechen. Wir dürfen uns aber des Geistes Gottes gewiss sein! Er schenkt Weisheit, Segen und Zuversicht im Aufbrechen und Handeln!

Neujahrespredigt zu Luthers Apfelbäumchen

Sie kennen vielleicht den Satz: „Wenn ich wüsste, dass morgen die Welt unterginge, würde ich heute noch mein Apfelbäumchen pflanzen." Es ist eines der bekanntesten Sätze Martin Luthers. Auch wenn inzwischen ein Theologieprofessor nachgewiesen hat, dass dieser Satz erst im Oktober 1944 in einem Rundbrief der bekennenden Kirche öffentlich erschien. In Luthers Schriften kann man ihn gar nicht finden. Aber wer nun den Satz verfasst hat, ist für meine Überlegungen nebensächlich. Dass er vielleicht erst im Naziregime bekannt wurde, zeigt, dass er ein Kraftsatz in unsicheren Zeiten ist.

Nun: Er erscheint erst einmal gar nicht als ein Zuverichts-Satz. Dass er das aber trotzdem ist, will ich nun aufzeigen. Er kann ein Zuversichts-Satz sein für alle, die angesichts der schlimmen Herausforderungen am Anfang des neuen Jahres zu verzagen drohen.

Der Satz stellt uns allen die Frage: Warum sollte man einen Apfelbaum pflanzen, wenn man weiß, dass morgen die Welt untergeht?

Pflanzen Erinnern Sie sich daran, wie Sie etwas gepflanzt haben. Es ist einfach für mich etwas Wunderschönes: Die Erde ausgraben, eine Pflanze einsetzen, Erde wieder anreichern, Wasser darüber schütten. Ich knie vor der Pflanze und ich stehe auf und schaue auf das schöne Pflänzchen. Die Tat ist in sich gut, schön, wertvoll, aktive Freude!

Wenn morgen die Welt untergeht, ist heute ein Apfelbäumchen zu pflanzen nur sinnvoll, wenn ein Apfelbäumchen-pflanzen in sich eine schöne, wertvolle, sinnerfüllende Tat ist.

Nun könnte man erwidern: Aber man pflanzt doch ein Apfelbäumchen, weil man in einigen Monaten Äpfel ernten will! Und ich antworte: Das stimmt schon. Aber ich erfreue mich schon am selben Tag an meiner Pflanztat. Und diese Freude hängt nicht völlig daran, ob ich in einigen Monate ernten kann oder nicht! Die

Freude nährt sich auch aus der Tat an sich im Hier und Jetzt – unabhängig einer möglichen guten Ernte!

Diese Überlegungen halte ich für die ökologische Herausforderung der Menschheit für sehr wertvoll. Ich will sie nun auf unsere aktuelle Lage anwenden:

Motivation eines Naturschützers angesichts unsicherer Zukunft Stellen Sie sich vor, Sie arbeiten bei einer Naturschutzorganisation. Sie setzen Ihre Energie, Elan, Zeit ein, um den Klimawandel aufzuhalten. Und Sie erleben immer wieder Rückschläge. Regierungen zaudern, internationale Firmen nutzen weiterhin die Natur aus, Menschen verändern zu wenig ihr Konsumverhalten.

Sie überlegen sich: Wird die Menschheit es schaffen? Oder ist es bald zu spät, so dass nach unumkehrbaren Klimawandel die Menschen mit Kriegen um Wasser, Nahrung und intakten Lebensraum sich gegenseitig in die Apokalypse und das Ende der Menschheit hineinmanövrieren? Sie können nun zwischen Hoffnung und Verzweifeln hin und her schwanken!

Sind wir ehrlich! Wir wissen es nicht. Die Zukunft ist wirklich, wirklich offen! Die jetzige Situation ist so komplex und schwierig: Es kann passieren, dass in 150 oder 200 Jahren die Menschheit sich ausgerottet hat oder eine geringe Zahl von Menschen auf den Ruinen unserer Zivilisationsentwicklung auf niedrigem Niveau übrig bleibt.

Oder wichtige Erfindungen der Wissenschaft und gute Entwicklungen in Wirtschaft und Gesellschaft können den Klimawandel auf ein verträgliches Maß begrenzen.

Wir wissen es nicht! Stephen Hawkings prognostizierte: Die Menschheit kann es schaffen! Jedoch uns allen ist klar: Es muss sich viel verändern, dass die Klimakatastrophe verhindert werden kann!

Sie arbeiten bei einer Naturschutzorganisation. Bei dieser Ungewissheit und bei all den Schwierigkeiten fragen Sie sich vielleicht: Hat das, was ich tue, Sinn? Habe ich, haben wir versagt, war alles sinnlos, wenn doch in 50 oder 100 Jahren die Klimakatastrophe völlig durchbricht? **Tugendhaft leben ist in sich eine Freude.** Ich würde Ihnen dann gerne in Ihrer Sinnkrise einen Satz von Spinoza ans Herz legen: "Die Glückseligkeit ist nicht der Lohn der Tugend, sondern selbst Tugend;" Ethik, 5. Kapitel, Lehrsatz 42. Wir können es auch anders formulieren: Tugendhaft leben ist in sich eine Freude. Tugendhaft leben hat eine interne Motivation. Es ist eine Freude, tugendhaft zu leben, weil man Sinnhaftigkeit direkt erlebt! Nehmen wir einen Schüler, der Chemie lernt. Er kann allein aus der Motivation heraus lernen, dass er eine gute Note haben will. Oder er entdeckt im Lernen, dass Chemie richtig interessant sein kann. Dann lernt er Chemie aus eigenem Interesse. Die Freude an Chemie-lernen kann ihm dann eigentlich auch eine schlechte Note nicht wirklich nehmen!

Übertragen auf unsere Menschheitsherausforderung: Wir sollten uns für die Umwelt einsetzen, weil dieser Einsatz in sich sinnvoll, wertvoll, Freude bringend ist – auch wenn wir nie genau wissen, ob dieser Einsatz wirklich in der Zukunft Früchte tragen wird!

Diese Überlegungen können uns in eine Haltung bzw. Einstellung hineinbringen:

- In dieser Haltung kann ich die Gegenwart wertschätzen.
- Mein Engagement JETZT ist wertvoll und ich kann mich daran erfreuen und den Wert dieses Augenblicks JETZT an sich spüren, den Wert dieses Handelns JETZT an sich spüren.
- Diese Haltung bremst mich auch nicht, weil ich das Grübeln, ob mein Handeln etwas nützt, ob es in der Zukunft etwas bringt, wenigstens teilweise beiseitelegen kann.
- Diese Haltung lässt mich ein UND leben: Einerseits hoffe ich natürlich, dass mein Handeln für die Zukunft Nutzen bringt. Andererseits erfreue ich mich, weil ich spüre, dass mein Handeln in sich JETZT sinnvoll, ja tugendhaft ist.

45

- Diese Haltung kann vor Resignation, Verzweiflung, Verfall in Zaudern und Tatenlosigkeit schützen.

Absolute Sichtweise Ich möchte meine Überlegungen noch in zwei Schritten vom Relativen ins Absolute heben:

Erstens: Unser menschliches Leben auf der Erde ist endlich! Spätestens, wenn unsere Sonne anwächst, explodiert und dann ausglüht, kann kein menschliches Leben auf der Erde existieren. Dann werden alle Lebewesen, alle Kulturgüter und Errungenschaften zerstört sein. Menschen können nicht mehr leben, lieben und feiern. Die Bibel kann nicht mehr gelesen werden und Beethoven kann nicht mehr aufgeführt werden. Ewigkeit kann nicht die unendliche Verlängerung des menschlichen Lebens auf der Erde sein.

Zweitens: Alles Zeitliche hinterlässt etwas in der Ewigkeit. Rahner formulierte es wunderbar poetisch so: „In der Gleichgültigkeit allen Kommens und Gehens lebt geheimnisvoll ein Bedeutungsvolles, ein Ewiges: das Gute und das Böse. Es ist, als ob alle Wellen der Zeitlichkeit in ihrem ruhelosen Auf und Nieder immer leise anschlügen an dem Gestade der Ewigkeit, und jede Welle, jeder Augenblick der Zeit, jedes Menschenwerk dort das zurückließe, was an ihm ewig ist, das Gute und das Böse. Gut und Böse sind Dinge der Ewigkeit, sind Ewigkeit in den Dingen der Zeit."

Das Böse kann vor Gott bereut und durch Gott geläutert und geheilt werden. Das Gute der Geschichte aber hat irgendwie immer etwas in der Ewigkeit zurückgelassen.

Das bedeutet: Die Ewigkeit erreichen wir nicht durch die Verlängerung der Zeit. Die Ewigkeit berühren wir immer in der Gegenwart!

Da sind wir beim tiefsten transzendenten Punkt angelangt, warum es sinnvoll ist, ein Apfelbäumchen zu pflanzen, auch wenn morgen die Welt untergeht! Weil diese Tat am Gestade der Ewigkeit etwas Gutes hinterlässt und wir genau das auch manchmal erahnen, ja spüren, wenn wir etwas Sinnvolles tun!

Damit ich richtig verstanden werde, möchte ich betonen: Natürlich ist es sinnvoll und notwendig, dass wir mit unserer Vernunft die Folgen unseres Handelns in der Zukunft überlegen, abwägen, planen.

Aber wir werden den Elan, das Gute zu tun, nicht allein aus einer möglichen Zukunft, die wir erhoffen, bekommen. Gerade weil die Zukunft der Menschheit ungewiss ist und gerade weil der Klimawandel zu einer menschheitszerstörenden Klima katastrophe anwachsen kann, müssen wir unseren Elan, das Richtige zu tun auch aus einer anderen Quelle beziehen: Weil tugendhaft leben in sich glückseligmachend ist!

Yacouba Sawadogo Zuletzt eine Geschichte eines Afrikaners, der unsere Überlegungen vielleicht unbewusst in die Tat umgesetzt hat: Yacouba Sawadogo. Er verwandelte Wüste und trockenes Land in Burkina Faso in fruchtbares Ackerland, indem er die alte Urbarmachung des Ackerbodens von wasserlosen Trockengebieten mit Hirseanbau weiterentwickelte und zusätzlich Hirseanbau mit Baumpflanzungen kombinierte. Seine erfolgreichen Strategien verbreiteten sich auch im Niger und fünf Mill Hektor werden nun mit seiner Methode bestellt: 200 Millionen Bäume wurden gepflanzt und 500 000 Tonnen Getreide ernähren 2,5 Millionen Menschen.

Sein Land, das er selbst über Jahre beackert hat, gehört ihm nicht. Der Staat hat es ihm inzwischen weggenommen, seine Bäume gefällt und stattdessen Häuser gebaut. Yacouba klagte nicht. Er wanderte weiter und sagte seinen Söhnen: „Wenn sie kommen und meinen Wald fällen, dann setzen wir einen neuen Wald."
Yacouba weiß, woher seine Kraft kommt: „Natürlich Gott. Kein Mensch kann so viel Kraft aus sich selber heraus finden."[25]

Weltpolitik nach Kant oder Nietzsche?

Bibeltext: Jak 2,1-5, 23. Sonntag im Jahreskreis B

Wünschen Sie sich lieber Kant oder Nietzsche? Wenn ich das so unvermittelt frage, wissen Sie natürlich nicht, auf was ich hinaus will. Aber ich will mit dieser Predigt zeigen: Das ist heute eine ganz entscheidende Frage für die Menschheit!
Kant „Zum ewigen Frieden" Kant veröffentlichte 1795 seine Schrift „Zum ewigen Frieden". Innerhalb eines Staates sorgen die Polizei und die Gerichte für Recht und Ordnung und Frieden im Land.
Kant stellt sich die Frage: Sind solche Regelungen auch zwischen den Völkern vorstellbar?
Die erste Möglichkeit: Ein starker Staat unterwirft andere Staaten und bildet ein Imperium, eine Weltmacht. Der römische Staat hat die pax romana geschaffen, zu dem Preis, dass er Ausreißer und Aufständische gewaltsam unterdrücken musste.
Die zweite Möglichkeit: Die Staaten sind ungefähr gleich stark und versuchen durch eine komplizierte Politik Machtbalance zu wahren. Die Zeit vor dem I. Weltkrieg versuchte diese Möglichkeit umzusetzen. Aber bald zeigte sich, dass dieser labile Zustand nur ein aufgeschobener Kriegszustand ist!
Die dritte Möglichkeit: Will man das Gewaltpotential zwischen Staaten ganz beseitigen und somit Kriege verhindern, müsste man einen einzigen Staat bilden. In Nordamerika haben dies die Vereinigten Staaten von Amerika geschafft. Dieser Superstaat kann Kriege verhindern wie Polizei Gewalttaten in einem Staat. Das wäre nach Kant eine vernünftige Entscheidung. Der gesetzeslose Zustand zwischen den Staaten wird beendet.
Jedoch ist die Welt zu vielfältig, als dass man alle Staaten in einen Staat zusammenfassen könnte. Und Staaten geben äußerst ungern ihre ganze Souveränität auf. So folgt Kant realistisch: Einen Weltstaat wird es nicht geben!

Also bleibt zuletzt die zweitbeste Lösung: ein föderativer Staatenbund. „Jeder Staat behält seine Souveränitätsrechte (auch das der Kriegführung), verpflichtet sich jedoch, alle Konflikte friedlich auf dem Verhandlungswege zu wegen."[26] Eine oberste Sanktionsgewalt gibt es bei dieser Lösung jedoch nicht.

Fazit: Ein ewiger sicherer Frieden kann es nicht geben, weil ein Weltstaat nicht realisierbar ist. Jedoch ein Staatenbund kann mehr Frieden schaffen!

Nach dem II. Weltkrieg wird dieser Vorschlag Kants zur Leitidee für mehrere Gründungen: Die UNO, die WTO, die Welthandelsorganisation und natürlich auch die europäische Union.

Drei Tendenzen sind für Kant förderlich, um den Frieden zwischen Staaten mit Staatenbünden zu fördern.

Erstens: Kant geht davon aus, dass Monarchien sich immer mehr in Demokratien verwandeln werden. Er vermutete, dass Demokratien von sich aus viel seltener Krieg beginnen werden als Monarchien oder Diktaturen. Diese Vermutung bestätigte sich im 20. Jahrhundert.

Zweitens: Kant ahnt zu Recht, dass der Welthandel anwachsen wird. Kant wörtlich „Es ist der Handelsgeist, der mit dem Krieg nicht zusammen bestehen kann, und der früher oder später sich jedes Volk bemächtigt."[27] Nun Kant konnte noch nicht ahnen, wie stark ökonomische Interessen, wie z. B. Besitz von Ölfelder, auch Kriege hervorbringen können.

Drittens: Immer mehr werden die Massenmedien das Handeln von Staaten kommentieren und kritisieren. Der gewaltfreie Widerstand von Gandhi hatte Erfolg, weil es sich die Briten angesichts der Weltöffentlichkeit nicht mehr leisten konnten, mit brutaler Gewalt die Demonstranten nieder zu schlagen.

Es ist erstaunlich, wie aktuell Kant ist: Genau die vier Bausteine, die für Kant Frieden fördern, haben uns in Deutschland nach dem II. Weltkrieg schon 75 Jahre lang bis heute Frieden beschert.

Donald Trumps Angriff auf die vier Pfeiler der Weltordnung: Aber diese vier Pfeiler der Weltordnung seit dem II. Weltkrieg greift Donald Trump massiv an. Das ist erschreckend und gefährlich.

- Den Welthandel greift er mit seinen unsinnigen Zöllen an.
- Die Kultur der öffentlichen Diskussion und die Medien zerstört er mit Fake News, niveaulosem Twitter und Verhöhnung der angeblich linken Presse.
- Der Demokratie hat er schon in mehrerer Hinsicht geschadet. Vielleicht ist er ja nur durch Wahlbetrug an die Macht gekommen.
- Jegliche internationale Verpflichtung stellt er in Frage: die UNO, die Nato, das Pariser Klimaabkommen.

Warum greift er all diese Pfeiler unserer Weltordnung an, die Kant vernünftig als sinnvoll aufgezeigt hat?

Nietzsches Machtdenken heute Die Antwort: Donald Trump folgt eher Nietzsche, vermittelt durch den Philosophen Leo Strauss. Die Berater Trumps, das Thinktank hinter Trumps Politik sind genau vom Denken dieses Philosophen geprägt!

Eine zentrale Aussage Nietzsches lautet: Der Starke wird in seinen Kräften durch die Schwachen gehemmt. Deswegen muss der Starke sich von der Ausnutzung durch den Schwachen befreien.

Leo Strauss überträgt das nun auf die Nationen: Jede Nation ist nur sich selbst verpflichtet und muss in der Wildnis des Planeten Erde überleben und für sich kämpfen.

Donald Trump folgert daraus: America first. USA ist ein gefesselter Riese. Er muss sich befreien von den Fesseln der Freihandelsverträge, der NATO, des Pariser Klimaabkommen

Trump sieht Nationen wie Firmen: Wenn die USA der UNO Geld gibt, erhofft sie sich einen Gewinn, sonst gibt es weniger Geld. Genauso wie ein Aktionär sich auch eine gute Dividende haben will. Trump hat kein Bewusstsein mehr dafür, dass USA einen zentralen Beitrag für Gemeinwohlgüter, für Werte für alle leisten sollte!

Rechtliche Regelung wie zum Beispiel das Atomabkommen schafft für Trump nur unkontrollierte Zonen und Schlupflöcher und finstere Machenschaften. Das transnationale Recht ist für ihn vorne zwar strahlend, hinten aber eine Brutstätte für Heimtücke und Niedertracht.

Trump dagegen denkt pseudo-nietzscheanisch: Der Wille zur Macht muss sich durchsetzen.

Deswegen glaubt auch Trump, dass er Nordkorea im Schach halten kann. Er muss sich nur als der Stärkere präsentieren.

Ja es gibt ein Wettrennen in einer überhitzten Weltgesellschaft. Und das führt auch zu ungerechten Machenschaften. Trump & Co. ziehen aber den falschen Schluss daraus: „Wir kündigen rechtliche Bindung. Denn regelbasierte Weltordnung ist ein Irrglaube. Rechtliche Verpflichtungen schwächen die starken und ermächtigen die Schwachen."

Von Kant zu Nietzsche Indem sie so denken, wechseln Trump und Co von Kant zu Nietzsche!

Damit ist Trump gefährlich nah bei den Ideen des russischen Philosophen Dugin, ein Stichwortgeber der internationalen Rechten: Dugin hat eine Zukunftsvision entworfen, in der es keine UN mehr gibt, denn Frieden entstehe nicht durch Recht, sondern durch Stärke. Wer keine Macht habe, sei keine vollwertige Nation: Nur wer militärische und wirtschaftliche Macht hat, ist eine Nation. Dugin schlägt vor, die Welt nach Großräumen zu ordnen und diese mit einem Interventionsverbot für raumfremde Mächte zu belegen. In ihrem Hoheitsgebiet dürfe dann jede Macht schalten und walten, wie sie wolle. Und die Menschenrechte? Ein Konstrukt, an das ihre westlichen Erfinder selbst nicht mehr glaubten.

Das ist ein gigantischer Epochenwandel, der gerade im Gange ist! Die alte Weltordnung, die seit dem II. Weltkrieg gegolten hat, geht gerade anscheinend mit Trump zugrunde!

Rückblick: Aufgang und Niedergang einer Hegemonialmacht
Schauen wir noch mal mit einem anderen Blick auf das Geschehene.

Im I. Weltkrieg hat sich Amerika auf Drängen Frankreichs zögerlich in den Krieg eingebracht und damit geholfen den Krieg zu beenden. Im II. Weltkrieg haben dann die Amerikaner entschieden die Führungsrolle übernommen. Das heißt, seit Ende des II. WK ist Amerika eine Hegemonialmacht, unter deren Schutz die Ziele von Kant durchgesetzt werden konnten. Amerika hat als Weltmacht Frieden garantiert; vergleichbar wie die Römer im römischen Reich Frieden geschaffen und durchgesetzt haben. Nach 1989 war der letzte Widerpart dieser Weltmacht USA auch entkräftet. Der Ostblock zerfiel. Die kommunistischen Staaten wandelten sich. USA war nun die erste und entscheidende Weltmacht.

Jedoch die Katastrophe am 11. September 2001 und die schwierigen unübersichtlichen und letztlich immer wieder erfolglosen Interventionen der USA im Nahen Osten zeigte der Weltmacht, dass sie die Weltprobleme nicht lösen kann, für die sie Verantwortung übernommen hat.

Obamas Ziel war deswegen ein langsamer Ausstieg aus der Hegemonialmacht bzw. Weltmachtstellung. Trump dagegen beendete nun abrupt diese Verantwortung als Weltmacht: America first!

Wir müssen uns klar machen: Fast jeder Niedergang einer Weltordnungsmacht brachte Kriege und politische Wirrnisse hervor.

- Als Rom unterging, kam die chaotische Zeit der Völkerwanderungen.
- Als Spanien als Großmacht unterging, kam der 30 jährige Krieg.
- Als Großbritannien als Weltmacht und Empire unterging, folgte der I. Weltkrieg.

Warum hat Trump die Vormachtstellung und Verantwortung der USA als Weltmacht so schnell gekündigt? Dafür muss man wissen: Ein Imperium profitiert unterschiedlich gut von seiner Vormachtstellung.

Die USA hatte lange Zeit die Hauptlast für Sicherheit, für regelgebundenen Handel usw. getragen. Doch sie hatte auch profitiert: zum Beispiel war und ist der Dollar die Weltwährung. Die USA bekommt deswegen überall Kredite.

Es gilt der Grundsatz: Großreiche, Empires, Weltmächte halten länger, wenn alle zugehörigen Staaten und Völker vom Bestand des Großreiches auch profitieren. Deswegen hat sich die USA auch für die internationalen Güter und Institutionen eingesetzt: wie z. B. die UNO, die WTO oder die NATO.

Trump kam auch deswegen an die Macht, weil viele Menschen in den USA urteilten: Die USA sei in internationale Zwängen gefangen und hätte dadurch nur Nachteile. Mal ganz schlicht ausgedrückt: Amerikanische Soldaten opfern überall auf der Welt ihr Leben für den Weltfrieden und die Europäer, besonders die Deutschen, haben ein Handelsüberschuss und werden durch den Welthandel reicher und die Amis ärmer. Hierbei wird natürlich übersehen: Die Großmacht hat immer langfristig Vorteile!

USA wandelt sich mit Trump von einem Empire, das in öffentliche Güter investiert, zu einer raubtierartigen egozentrischen Zentralmacht: America first!

Trump zerstört insbesondere die Soft Power der USA: das Vertrauen, das die USA einmal genoss, die Vision von Demokratie, die Vision von Menschenrechte, die Vision von Freiheit. Trump tritt diese Soft Power und die Werte des Westens mit den Füßen und beschleunigt den Zerfall des Westens als Vorreiter!

Keine andere Macht kann die USA als Hüter der Ordnung, als Hegemonialmacht übernehmen: weder die Europäer, noch China, noch Russland. China mit Xi Jinping versucht immer offensichtlicher, sich als Hegemonialmacht im ganzen asiatischen

Raum zu etablieren. Jedoch Xi Jinping's Politik folgt leider offensichtlich nicht Kants vernünftigen Einsichten!

Wie die Zeit nach dem Niedergang der Weltmacht USA gestalten? Niedergänge von Hegemonialmächten sind unvermeidlich, doch wie können wir den Niedergang der Weltmacht USA politisch gestalten? Das ist heute eines der drängendsten Fragen!

Werden Trumps gefährliche Strategien die Europäer dazu ermuntern, in der EU mehr geschlossen zu sein, sich auf Kants vier Pfeiler für mehr Frieden zwischen den Völkern zu besinnen oder werden die Populisten sich durchsetzen? „Jede Nation soll für sich selber kämpfen. Der Stärkere soll seine Macht ausspielen!" Willkommen in der Welt Nietzsches, wo nur der Wille zur Macht zählt?

Der Jakobusbrief sagt ganz deutlich: Gott bevorzugt den Armen, den Schwachen. Trumps Kurs „Der Stärkste soll sich durchsetzen!" ist antichristlich! Europa sollte ihm nicht folgen. Fairness und Frieden zwischen den Völkern können wir nur weiter versuchen zu erreichen, wenn nicht jeder Staat gegen jeden kämpft, sondern wenn wir in den internationalen Vereinigungen wie UN, EU und WTO so kooperativ und fair wie möglich zusammenarbeiten.[28]

Kommunikationsdesaster und Gräben heute

Bibeltext: Mk 12, 38-44, 32. Sonntag im Lesejahr B

Jesus schaut sich aufmerksam im Tempel zwei Gruppen an: Die Reichen und eine arme Witwe. Beide kommen aus unterschiedlichen Welten. Die Reichen und die Schriftgelehrten bilden ein Milieu. Sie kennen sich, unterhalten sich, feiern zusammen, halten zusammen. Sie reden aber nicht mit einer armen Witwe. Ebenso reden sie nicht mit Aussätzigen, mit Zöllnern, mit Samaritanern. Ein tiefer sozialer Graben trennt sie. Jesus ist provokant, weil er mit beiden Gruppen redet. Er baut Gesprächsbrücken, wo eigentlich Gräben sind. Dabei spart er nicht an Kritik an denen, die diese Gräben ausgehoben haben. Nicht nur bei ihm endete das tödlich! Romeo und Julia redeten miteinander und verliebten sich, obwohl ihre Familien verfeindet waren. Die „West Side Story" von Bernstein ist eine moderne amerikanische „Romeo und Julia"-Geschichte.

Ein kurzer Dialog zwischen Trump-Fans und „linken Mob"
Auch heute geschehen in der Realität solche Geschichten: Ein Mutiger möchte mit Dialog einen sozialen Graben überwinden und scheitert leider trotzdem. Der schwarzer Hawk Newsome, zwei Meter groß, durchtrainiert, tiefe Stimme ist ein schwarzer Kämpfer, 41 Jahre alt, Jurastudium, Präsident von Black Lives Matter Greater New York. Dieser Verein prangert Polizeibrutalität gegen Schwarze an. Newsome gehört zu dem, was Donald Trump den „linken Mob" nannte.
Wenn Trump Fans und „linker Mob" zusammentreffen, kann es blutige Nasen geben. Doch vor einem Jahr, kam alles ganz anders. Newsome erzählt, wie er gemeinsam mit sechs Aktivisten-Freunden auf einer Pro-Trump-Demonstration protestierte. Zuerst sah es so aus, als würde diese Konfrontation den üblichen Regeln folgen. Doch dann passierte etwas Überraschendes. Newsome und die sechs anderen Aktivisten wurden vom

Sicherheitspersonal auf die Bühne gebeten. Der Organisator der Demonstration, Tommy Gunn, eine konservative Internet-Berühmtheit rief laut: „Ihr wisst ja, diese Demo ist dazu da, die politische Gewalt zu beenden. Es geht um die Meinungsfreiheit." Dann gab er Newsome das Mikrofon.

Newsome stand plötzlich neben einem Trump-Pappaufsteller. Vor ihm standen seine Feinde, Rassisten, denen das Leben von Weißen mehr wert ist als das von schwarzen Menschen.

Aber nun ließen sie ihn sprechen.

„Könnt ihr mich hören?", begann Newsome ganz unverbindlich. „Yeahhh."

„Ich bin der Präsident von Black Lives Matter New York. Ich bin Amerikaner. Und ich bin ein Christ." Applaus.

„Meine Bibel ist dieselbe wie eure. In ihr steht: Liebt euren Nachbarn. Darin steht nicht, dass der Nachbar auf demselben Kontinent wie ihr geboren sein muss." Ein paar Pfiffe, verhaltener Applaus. „Wir sind nicht gegen Polizisten." Pfiffe. Buhrufe. „Wir sind gegen schlechte Polizisten!" Verhaltener Applaus. „Wenn ein Polizist schlecht ist, dann muss er entlassen werden. So wie ein schlechter Klempner, wie ein schlechter Anwalt, wie ein schlechter, beschissener Politiker." Donnernder Applaus. Newsome war nur wenige Minuten auf der Bühne, doch die hatten gereicht, damit das Publikum ihn nicht mehr als die wütende Karikatur eines Linken sah sondern als Menschen. Als Amerikaner.

Gemeinsam riefen sie „USA! USA!". Der Anführer der Trump-Unterstützergruppe „Bikers for Trump" sagte, er habe ihm, Newsome, mit Respekt zugehört und er habe Respekt zurückerhalten. „You are my brother now", sagte der Mann. Dann reichte er Newsome seinen fünfjährigen Sohn und machte ein Foto. Mehr als 50 Millionen Leute sahen das Video von Newsomes Rede auf Facebook Ist die gemeinsame Liebe für Amerika doch noch nicht ganz zerstört? Gibt es da etwas Verbindendes, das tiefer geht als alle Stammesfehden?

Leider passierte dasselbe wie in Shakespeares Drama: Das positive Brückenbauen wird als Verrat der eigenen Leute gedeutet, als Nestbeschmutzertum verstanden:
In New York zitierten mehrere schwarze Aktivisten Newsome zu einem „Tribunal", wie er es nennt. Der Vorwurf: Er habe mit seiner Aktion Rassisten legitimiert. „Wenn das ein echter Krieg wäre, den wir gegen die Rassisten führen, dann hätte er gerade Hochverrat begangen", habe eine Aktivistin gesagt. In Florida wurde Tommy Gunn von den Zuhörern seiner Internet-Radiosendung unterstellt, er habe Terroristen auf die Bühne gelassen. Ein echter Patriot mache so etwas nicht.[29]
Die Stammesfehde zwischen weißen Republikanern und linken demokratischen Schwarzen und Hispanicos. – Ihr Graben ist inzwischen gewaltig.

Gräben auch bei uns Aber wir brauchen nicht bis nach Amerika zu schauen, um zu merken, dass es auch in unserer Gesellschaft „Schriftgelehrten" gibt, die über andere gnadenlos urteilen, mit Shitstorms im Internet andere verurteilen, aber nicht bereit sind, mit dem anderen zu reden. Das ist wie in einer Gerichtsverhandlung, in der der Angeklagte sich nicht verteidigen darf und keinen Anwalt haben darf. Der folgende Fall ist umso bemerkenswerter, weil hier „gut bürgerliche Idealisten" nicht bereit sind, in den Dialog zu treten! Der Kinofilm „Elternschule" zeigt den Alltag in einer Klinik für Familien in Not. Die psychosomatische Station in Gelsenkirchen ist letzte Rettung für Eltern, die mit ihren Kindern völlig überfordert sind. Die Station begleitet die Eltern so lange, bis sie wieder einen positiven und stressfreien Kontakt mit den Kindern pflegen können. Man sieht in dem Film Kleinkinder, die schreien, weinen, beißen, die von Schwestern in Arbeitskleidung festgehalten und gefüttert werden, sich erbrechen, überstrecken, in einem Raum mit blauen Gummimatratzen ausharren. Und man hört den Psychologen Dietmar Langer, wie er erklärt, was schiefläuft in der Interaktion zwischen Eltern und Kind. Es ist ein anspruchsvoller Dokumentarfilm, so dass sich Szenen im Kopf eines jeden Zuschauers anders fortschreiben können. Von vielen Zeitungen wurde der Film sehr positiv besprochen.

Doch plötzlich entstand ein unvergleichlicher Shitstorm gegen diesen Film im Internet. Die Attachment Parenting Bewegung, also eine Bewegung von Eltern, die eine genaue Vorstellung von liebevoller Erziehung haben, stürzte sich auf diesen Film und verurteilte ihn gnadenlos. In dieser „Horror-Klinik" würden „kleine Seelen gebrochen".[30]

Der Streit um den Film „Elternschule" zeigt, dass sich Menschen hierzulande nicht nur in der Flüchtlingsfrage unversöhnlich gegenüberstehen und sich weigern, einander zuzuhören. Dass es bei Diskussionen oft nicht mehr um die Sache geht, sondern dass man seine Meinung, den eigenen Lebensentwurf, die eigene Identität durch empörende Abgrenzung definieren zu müssen. Bis heute hat keiner der Kritiker Dietmar Langer angerufen. Ein solcher Austausch wäre aber notwendig, um den Film wirklich fair und adäquat zu beurteilen.

Kommunikationsdesaster Ein anderes Beispiel: Sawsan Chebli, eine Staatssekretärin des Landes Berlin hat ihren Facebook-Zugang abgeschaltet. Ihre Familie ist aus dem Libanon, mit zwölf Geschwistern wuchs sie in Berlin auf, studierte, begann eine Karriere in der SPD und war stellvertretende Sprecherin im Auswärtigen Amt. Sie ist eine eher konservative Muslimin und beteiligt sich leidenschaftlich an der #MeToo-Debatte. Ihre Eltern stammen aus Palästina, und sie kritisiert den zunehmenden Antisemitismus. Cheblis könnte eigentlich Brücken bauen!

Doch Cheblis vermeintliche Widersprüche provozierten stets harschen Widerspruch, für ihre Statements erhält sie große Mengen hasserfüllter Nachrichten und Kommentare, darunter viele Todesdrohungen. Ein Foto, das Chebli mit einer Rolex-Uhr zeigt, provozierte eine Hasswelle. Bei einer Diskussion im Bundesrat zum Einfluss des Netzes auf die Politik erklärte Chebli nun, dass sie ihren Facebook-Account deaktiviert habe. Die

Menge von Hassbotschaften sei nicht mehr zu bewältigen. So fragt der Chefredaktor der ZEIT Online Jochen Wegner: Wie sollen wir uns in Zukunft im Netz für ein gutes Streitgespräch verabreden?

Wirklich miteinander reden ist nicht schreiben Aber ist das persönliche Zwiegespräch nicht etwas völlig anderes als ein Twitter oder ein Kommentar im Internet?[31]

Ich habe sogar schon im eigenen Bereich ein paar Mal erlebt, wie Konflikte eskalierten, weil jemand Emails mit wütenden Kommentaren, Beweisfotos usw. an alle Beteiligten bzw. alle im Gremium oder in der Emailliste schickten. Deswegen empfehle ich inzwischen, keinen Konflikt über Emails zu behandeln.

Vor dem Computer sitzend besteht immer die Gefahr, dass ich meine wütenden Gedanken ungefiltert hintippe und mit einem Klick wegschicke. Undenkbar, dass ich das Gleiche gesagt hätte, wenn alle Leser vor mir sitzen würden und ich in ihre Gesichter schauen könnte, wenn ich wüsste, dass jeder mir persönlich auf meinen Kommentar antworten wird.

Die Meinungsblasen werden löchrig Überall hört man, dass Menschen im Internet in ihrer Meinungsblase festsitzen, sich gegenseitig bestätigen und sich gegenseitig hochschaukeln und radikalisieren. Die Algorithmen würden ihnen nur die Links präsentieren, die zu ihrer Meinungsblase passen würde. Jens Jessen von der ZEIT hat diese Überlegungen zu Recht in Frage gestellt. Auch vor 30 oder 50 Jahren waren Menschen in ihren Milieus ziemlich festgesteckt. Damals ging man an den Kiosk. Es stand zwar der Bayerkurier neben dem Spiegel und die Bildzeitung lag neben der FAZ. Aber wer den Bayernkurier las, schaute nicht in den Spiegel und wer die Bild las, kaufte nie die FAZ. Der FAZ-Leser redete selten mit dem BILD-Leser. Jetzt im Internet sind diese Milieus und Meinungsgruppen aber durchsichtig geworden. Die Gruppen können viel schneller aufeinander reagieren. Jessen: „Die Zwangskommunikation im Netz erzeugt den Hass, der von dort in die reale Welt strömt. Wie nett oder auch nur gleichgültig eingestellt bliebe man gegenüber seinen Nachbarn, wenn man nicht aus dem Netz erfahren könnte, was er denkt."[32]

„Deutschland spricht" Deswegen ist die Aktion „Deutschland spricht" so wertvoll: Im September wurden mehr als 20.000 Menschen mit unterschiedlichen politischen Ansichten in persönliche Zwiegespräche vermittelt. Wenn ich wirklich einem Menschen gegenüber sitze, ihn mit seinem Lebensweg kennenlerne, dann kann ich ihn nicht mehr so leicht in eine Schublade stecken. Jesus wagte direkte Gespräche mit allen: Mit Schriftgelehrten, armen Witwen, Reichen, Aussätzigen, Zöllner, Samariter und römischen Soldaten.

Wir haben noch keinen guten Stil gefunden, im Internet kontrovers zu diskutieren. Wir können das nur lernen, wenn wir es in persönlichen Gesprächen üben. Und immer wieder ist auch zeitweises Schweigen und Abstandhalten besser als unkontrollierte Shitstorms im Internet!

Aschermittwoch: Ophelias Schattentheater

Der Schriftsteller Michael Ende ist berühmt geworden durch seine großen Romane „Jim Knopf", „Die unendliche Geschichte" und „Momo". Aber er hat auch schöne kleinere Geschichten geschrieben, die ebenso voller tiefgründigem Sinn sind. Passend für den heutigen Tag Aschermittwoch ist die Geschichte von Ophelia und ihrem Schattentheater.

Fräulein Ophelia wirkte in einem Theater als Vorflüsterin, als Souffleuse. Ihre Stimme war sehr leise. Deswegen war sie nicht als Schauspielerin geeignet. Doch im Laufe ihres Lebens lernte sie alle großen Komödien und Tragödien der Welt auswendig.

Als sie schon alt geworden war, wurde der Fernseher zur Massenware und die Filmindustrie boomte. Die Menschen gingen lieber ins Kino oder ließen sich vom Fernseher berieseln. So musste das kleine Stadttheater, in der Fräulein Ophelia arbeitete, schließen. Sie war die letzte, die im Gebäude geblieben ist.

Plötzlich sah sie einen Schatten, der über die Kulissen hin und her huschte, manchmal größer und dann wieder kleiner wurde. Aber da war niemand, der den Schatten hätte werfen können. So rief Fräulein Ophelia: Hallo! Wer ist denn da? Der Schatten erschrak und schrumpfte zusammen. Er entschuldigte sich bei Fräulein Ophelia: Ich wusste nicht, dass da noch jemand ist. Ich wollte Sie nicht erschrecken. Ich bin hier nur untergeschlüpft, weil ich nicht weiß, wo ich bleiben soll. Bitte, jagen Sie mich nicht weg! So fragte Ophelia: Bist du ein Schatten? Und der Schatten nickte. Und so wurde sie vom Schatten aufgeklärt, dass es auch einige Schatten gab, die zu keinem Menschen gehören. Fräulein Ophelia fragte, ob das nicht traurig sei, ohne jemanden zu sein, zu dem man gehört? Der Schatten seufzte leise und bejahte: Sehr traurig, aber was soll man machen?

Da kam Fräulein Ophelia auf die Idee, den Schatten zu sich zu nehmen. Mit der Zeit sprach es sich herum, dass Ophelia herrenlose, einsame Schatten aufnahm.

Jeder dieser Schatten hatte einen Namen: der erste hieß Schattenschelm, dann folgte Dunkelangst, Hein Allein, Siechnacht, Nimmermehr, Leereschwere.

Und nun dämmert uns natürlich der Hintersinn dieser Geschichte. Hatte nicht der Psychotherapeut Jung das Verdrängte den Schatten genannt?! Den eigenen Schatten, die eigene Schwäche – das möchte man nicht haben, das möchte man wegschicken: zum Beispiel die Angst vor dem Dunklen, oder die schlimmen Nächte, in denen man krank daliegt und dahin siecht. Oder man möchte nicht eine Sinnleere spüren. Oder man möchte es sich nicht erlauben, auch einmal ein Schelm zu sein.

Fräulein Ophelia mit ihrem großen Herz nimmt all die Schatten auf, die andere Menschen nicht haben wollen: Schattenschelm, Dunkelangst, Hein Allein, Siechnacht, Nimmermehr, Leereschwere. Usw. Jedoch nachts begannen die Schatten miteinander zu streiten. Fräulein Ophelia mochte keinen Streit, außer er wurde in der großen Sprache der Dichter und auf dem Theater ausgetragen. Und so kam sie eines Tages auf die Idee, den Schatten die großen Tragödien und Komödien der Weltliteratur zu lehren. Nachts verwandelte sich ihre Wohnung in eine große Theaterbühne mit Schatten als Schauspieler. Tagsüber versteckten sich die Schatten in Fräulein Ophelias Handtasche. Weil sie nun noch ungewöhnlicher ihren Mitmenschen erschien, kündigte ihr Hausbesitzer ihre Wohnung. Da kamen die Schatten auf eine Idee: Fräulein Ophelia sollte durch Theateraufführungen der Schatten Geld verdienen. Die Schatten selbst würden die großen Komödien und Dramen der Weltliteratur, Shakespeare und Schiller, vor einem weißen Laken aufführen. So etwas gab es natürlich vorher noch nie. Und bald wurde Fräulein Ophelias Schattentheater berühmt. Sie fuhr durch die ganze Welt und ihre Schatten führten die berühmten Stücke auf.

Michael Ende lässt aber diese Geschichte nicht mit diesem schönen möglichen Ende beenden. Als Fräulein Ophelia mit ihrem Auto eines Tages in einen Schneesturm gerät, stand plötzlich vor ihr ein riesengroßer Schatten, der noch viel dunkler war als all die anderen.

Sie fragte: Bist du auch einer von denen, die niemand will?

Der Schatten antwortete langsam: Ja, ich glaube, so kann man schon sagen.

Willst du auch zu mir kommen?, fragte Ophelia.

Würdest du mich auch noch annehmen?, fragte der Schatten.

Irgendwo musst du ja wohl bleiben, meinte das alte Fräulein.

Willst du nicht zuerst meinen Namen wissen? Fragte er.

Wie heißt du denn?

Man nennt mich den Tod!

Danach war es längere Zeit still. Der Schatten fragte sanft: Willst du mich trotzdem annehmen?

Fräulein Ophelia: Ja, komm nur!

„Da umhüllte sie der große kalte Schatten und die Welt wurde dunkel um sie her. Aber dann war ihr plötzlich, als gingen ihr ganz neue Augen auf, Augen, die jung waren und klar und nicht mehr alt und kurzsichtig. Und sie brauchte nun keine Brille mehr, um zu sehen, wo sie war: Sie stand vor dem Himmelstor und um sie herum standen viele wunderschöne Gestalten in farbenprächtigen Kleidern und lachten ihr zu.

„Wer seid ihr denn?", Fragte Fräulein Ophelia.

„Kennst du uns nicht mehr?", sagten sie. „Wir sind doch die überzähligen Schatten, die du bei dir aufgenommen hast. Nun sind wir erlöst und müssen nicht mehr herum irren."

Das Himmelstor ging auf und die lichten Gestalten gingen hinein und führten in ihrer Mitte das kleine alte Fräulein Ophelia. Sie geleiteten sie zu einem wunderbaren Palast, der war aber das schönste und prächtigste Theater, das sich denken lässt. Über dem Eingang stand in großen goldenen Lettern: Ophelias Lichtbühne. Und dort spielen sie nun seither vor den Engeln die Geschicke der Menschen in der großen Sprache der Dichter, die auch die Engel verstehen und die daraus lernen, wie elend und wie großartig, wie traurig und wie komisch es ist, Mensch zu sein und auf Erden zu wohnen. Und Fräulein Ophelia flüstert ihren Darstellern die Worte zu, damit sie nicht stecken bleiben. Übrigens heißt es, dass auch der liebe Gott manchmal kommt, um zuzuhören. Aber ganz sicher weiß das niemand." So beendet Michael Ende die Geschichte von Ophelias Schattentheater.

Der größte Schatten, der uns am meisten Angst machen kann, ist der Tod. Bei diesem Übergang können wir nichts mehr aktiv tun. Wir haben keine Kontrolle, kein wissenschaftliches Wissen über das Danach. Ophelia nimmt diesen Schatten an wie die anderen Schatten auch.

Fräulein Ophelia kann für uns eine spirituelle Lehrerin werden, ein Vorbild: Lerne, immer mehr bereit zu sein, deine Schatten anzunehmen. Frage Dich: Was sind meine Schatten?

Und was für einen tieferen Sinn hat es, dass die Schatten von Ophelia gelehrt bekommen, die großen Dramen aufzuführen? In der Geschichte verhindert Ophelia damit, dass die Schatten miteinander streiten. Sie bekommen eine positive und sinnvolle Aufgabe. So kann ich mich fragen: Wie können meine Schatten für mich eine sinnvolle Aufgabe bekommen? Was können meine Schatten mich lehren?

Wenn die Schatten lernen, die großen Dramen der großen Dichter zu spielen – was kann das für mich bedeuten? Vielleicht dies: Wenn ich mich selber mit den großen Dramen beschäftige, wird mir klar, dass ich mit meinen Schatten nicht allein bin. Andere Menschen sind auch durch ähnliche Krisen hindurch gegangen. Was hat ihnen geholfen, was nicht?

Ophelias Schattentheater gibt mir Zuversicht:

Ich muss meine Schatten nicht verdrängen.

Ich muss keine panische Angst vor ihnen haben.

Ich kann mit ihnen reden.

Im Gespräch verwandeln sie sich. Sie sind oft anders, als ich dachte.

Ich kann mit meinen Gesprächen bewirken, dass sich meine Schatten nicht gegenseitig zerstreiten.

Dann können meine Schatten neu zusammenarbeiten und für mich gute Helfer und Freunde werden.

(Meine Schatten, das sind verschiedene Anteile in mir. Wenn ich sie kennenlerne und mit ihnen rede wie Ophelia mit ihren Schatten, dann werden sie quasi zu einem starken inneren Team und bilden eine harmonische innere Familie. So wird Ophelias Schattentheater zu einer Gleichnisgeschichte für das Arbeiten mit dem inneren Team bzw. inneren Familie.)

Mensch, gedenke, dass du Staub bist und zu Staub zurückkehrst! Mit der Geschichte von Ophelias Schattentheater können wir sagen: Mensch, gedenke, dass du deine Schatten nicht völlig verdrängen kannst.

Insbesondere den Schatten Tod kannst du nicht auf ewig von dir fernhalten! An Aschermittwoch übst du dich ein, den Schatten Tod auf dich zukommen zu lassen. Das kann schmerzlich sein. Doch es ist ehrlich und zugleich heilend!

Ophelias Schattentheater verwandelt sich im Himmelreich zu Ophelias Lichttheater. Wenn ich meine Schatten annehme – und das kann ich nur mit der Kraft Gottes, das kann ich nur mit der Gnade Jesu Christi, das kann ich nur mit dem Heiligen Geist, der in meinem Selbst wirkt – wenn ich meine Schatten annehme, können sie sich auch in Licht verwandeln. Sie können mich zu Christus hinführen, dem wahren Licht.

Predigt gegen Ausklammerung

Bibeltext: Mt 15, 21-28, 20. Sonntag im Lesejahr A

Wenn Sie ein Wissenschaftler der Naturwissenschaft sind, dann untersuchen Sie etwas in einem abgeschlossenen System. Z. B. wie reagieren zwei Substanzen miteinander? Dann füllen Sie beide Substanzen in einen Kolben und erhitzen diesen. Andere Stoffe und Einflüsse werden dadurch ausgeklammert. Es gibt nur zwei Stoffe und Hitze.

Wissenschaftler müssen für gewisse Untersuchungen eine Isolierung durchführen, um Ergebnisse aus Experimenten heraus bekommen zu können.

Ein lebender Organismus, eine Zelle, eine Pflanze, ein Tier oder ein Mensch jedoch sind immer nur teilweise isolierte Systeme. Alle diese Organismen haben eine schützende Schicht: eine Zellwand, eine Rinde, eine Haut. Jedoch was würde passieren, wenn diese schützende Wand absolut abschottend wäre? Das Leben würde absterben. Leben braucht Austausch zwischen Innen und Außen, kontrollierten Austausch zwischen Innen und Außen.

Es ist ähnlich einer mittelalterlichen Stadt. Sie wurde durch eine Stadtmauer geschützt. Aber an den Stadttoren konnten Waren, Menschen usw. kontrolliert ein- und ausgehen. Wenn ein Stadt belagert wurde und der Austausch an den Stadttoren unterbunden wurde, starben die Menschen in der Stadt über kurz und lang.

Ausklammern für das wissenschaftliche Experiment Ein Text des Philosophen Bergson drückt diese Gedanken auf andere Weise aus: Beim Lesen dieses Textes kam ich auf die Gedanken dieser Predigt. Auch deswegen möchte ich Ihnen diesen Text nicht vorenthalten. Ich werde ihn langsam vorlesen. Wenn Sie nicht gleich alles erfassen, krämen Sie sich nicht. Die folgenden Beispiele von mir erläutern Bergsons Gedanken noch einmal: „Gewiss, das Verfahren, durch welches die Wissenschaft ein

System isoliert und in sich abschließt, ist kein ganz und gar künstliches Verfahren. Besäße es keine sachliche Grundlage, so bliebe unbegreiflich, warum es in gewissen Fällen völlig unangebracht und in anderen unmöglich ist. Wir werden sehen, dass die Materie eine Tendenz hat, isolierbare, geometrisch behandelbare Systeme zu bilden. Wir werden sie sogar gerade durch diese Tendenz definieren. Doch es ist nur eine Tendenz. Die Materie führt sie nicht zu Ende, und die Isolierung wird nie eine vollständige. Und wenn die Wissenschaft sie zu Ende führt und etwas vollständig isoliert, so nur der Bequemlichkeit der Untersuchung zuliebe. Stillschweigend setzt sie voraus, dass das isoliert bezeichnete System gewissen äußeren Einflüssen unterworfen bleibt. Nur lässt sie diese schlicht beiseite, sei es, weil sie ihr schwach genug erscheinen, um vernachlässigt zu werden, sei es, weil sie sich vorbehält, sie später zu berücksichtigen. Deshalb aber bleibt es nicht minder wahr, dass all diese Einflüsse Fäden sind, die das System mit einem anderen, umfassenderen verknüpfen, dieses mit einem Dritten, dass beide umschließt, und sofort bis hin zu dem im objektiven Sinne isolierten und unabhängigen System: im Sonnensystem in seiner Gesamtheit."[33]

Eine wissenschaftliche Strategie ist es also, gewisse Einflüsse auszuklammern, ein abgeschlossenes System zu schaffen, um in diesem Experimente durchzuführen, um neue Erkenntnisse zu bekommen.

Jedoch das betont Bergson, es kann nur vorläufig sein. Die Wissenschaft muss für weitere Untersuchungen auch wieder ausgeklammerte Einflüsse wieder mit einbeziehen.

Folgen des eigenen Wirtschaftens ausklammern Warum kann das alles für uns interessant sein? Ein umweltpolitisches Thema zeigt sogleich die Brisanz unserer Überlegungen. Ein Unternehmen stellt Jeanshosen her. Die Chemikalien für die Waschungen schüttet sie in den benachbarten Fluss. Kein Problem. Er fließt ja ins Meer. Wenn wir von diesem

Unternehmen eine Jeanshose kaufen, dann bezahlen wir die Baumwolle, die Herstellungskosten, den Handel. Aber die Entsorgung der Chemikalien bezahlen wir nicht. Diese Kosten, die die Natur übernehmen muss, hat das Unternehmen nicht in seiner Kalkulation. Zum Glück, mag man meinen, denn sonst wäre die Jeanshose teurer! Die Firma hat den Einfluss, den sie auf die Umwelt hat, ausgeklammert. Auch hier gilt: Die erst einmal ausgeklammerten Zusammenhänge müssen wieder einbezogen werden. Wenn der Staat, die EU oder eine Umweltbehörde diese Firma zwingt, das Abwasser zu reinigen, bevor es in den Fluss gelassen wird, dann sind diese Zusammenhänge wieder mit einbezogen. Und wenn der Staat nicht die Firma zum Umdenken zwingt, können vielleicht Proteste der Verbraucher die Firma zur Einsicht bringen.

Ein anderes Beispiel: Misereor berichtete in der Fastenaktion 2017 von ihren Projekten in afrikanischen Dörfern. Sie unterstützten diese Dörfer mit solarbetriebenen Kühlhäusern. So können die Bauern die Milch der Ziegen und Milchkühen länger aufbewahren, zu Butter und Käse verarbeiten und diese Produkte auf regionalen Märkten verkaufen. Die Kinder bekommen frische Milch, die Dorfbevölkerung kann durch den Verkauf von Käse besser verdienen. Jedoch eines macht ihnen zu schaffen: Das billige Milchpulver aus der EU! Ärmere Familien kaufen sich das billige Milchpulver, obwohl es nicht so wertvoll in den Nährstoffen ist wie die frische Milch aus dem Nachbardorf. Das Milchpulver aus der EU ist schädlich für die lokale Wirtschaft. Europa produziert immer noch zu viel Milch. Mit immensen Subventionen können die europäischen Bauern sich das leisten und die Überschüsse zu Milchpulver verarbeiten und den afrikanischen Markt damit überschwemmen. Das ist eine Marktverzerrung. Ungleiche Partner treffen aufeinander. Das Milchpulverbeispiel ist nur eines unter vielen. Klimawandel, Missernten, verzerrte Märkte führen dazu, dass Menschen ihre Heimat verlassen.

Unser Milchpulver soll weiterhin von der EU nach Afrika geschafft werden, aber bitte keine Wirtschaftsflüchtlinge aus Afrika. Das soll Frontex verhindern! Europäische Politiker fordern in ihren Wahlreden, dass man die Fluchtursachen bekämpfen müsse. Ja solange sie die Fluchtursachen, die der europäische Markt und die europäische Agrarpolitik selbst verursacht, nicht anpacken, sind ihre Reden nicht glaubwürdig. Stefan Weidner forderte in seinem Artikel: „Islamismus Was Terroristen antreibt. Der Westen traut sich nicht, die Ursachen von Islamismus ernst zu nehmen. Warum eigentlich nicht?" völlig zurecht: „Zudem muss der aggressive Agrarexport nach Afrika so bald wie möglich unterbunden, das heißt die europäische Agrarlobby in die Schranken gewiesen werden."[34]

Auch hier wieder: Gewisse Zusammenhänge von Innen und Außen werden gerne übergangen. Aber die ehrlichen Lösungen kommen nur zustande, wenn die ausgeklammerten Zusammenhänge wieder thematisiert und mit einbezogen werden.

Jesus lernt dazu In unserem heutigen Evangelium von der kanaanäischen Frau erleben wir Jesus erst einmal sehr abweisend. Er klammert in seiner Vorstellung, für wen er da ist, die anderen Völker und Menschen aus: Ich bin nur zu den verlorenen Schafen des Hauses Israel gesandt. Hier zeigte sich Jesus ganz menschlich, dass er in seiner Sichtweise auf seinen Bereich fokussiert war und dass er gewisse Beziehungslinien und größere Zusammenhänge ausgeklammerte. Er verband leider das Ausgeklammerte auch mit einer Abwertung in seiner Erwiderung: Es ist nicht recht, das Brot den Kindern wegzunehmen und den Hunden vorzuwerfen. Die Juden sind also die Kinder, die Heiden die Hunde. Die Frau reagierte geschickt und lud Jesus zum Umdenken ein. Jesus erkannte, lernte dazu und half der Frau. Wie bei allen vorangegangen Beispielen geht es auch hier darum, die ausgeklammerten Zusammenhänge,

Verbindungslinien wieder ernst zu nehmen, in die Überlegungen einzubeziehen.

Descartes´ unabhängiges Subjekt Diese Lernbewegung, die Jesus im heutigen Evangelium vollzieht, müssen wir anscheinend als neuzeitliche, moderne Menschen alle mehr oder weniger vollziehen! Denn: Das neuzeitliche Menschenbild versteht den Menschen als ein unabhängiges Subjekt.

Descartes, der erste moderne Philosoph, der Begründer der Neuzeit und Moderne, hat alles angezweifelt: Er untersuchte alle Verbindungslinien des Menschen und konnte nichts finden, auf das er absolut bauen könne. Ich kann meinen Sinnen nicht trauen. Denn ich kann mich täuschen. Ich kann den Gegenständen nicht trauen. Denn sie könnten Illusion sein usw.

Also bleibt mir nur meine Gewissheit, dass ich denke. Damit ist der moderne Mensch in seinem Menschenbild erst einmal ein einzelnes unabhängiges Ich, das sein Fundament in sich selber sucht und zu finden meint. Erst danach, nicht zeitlich sondern logisch bzw. ontologisch danach, nimmt der Mensch mit seinem Außen, mit den Dingen und den Mitmenschen Kontakt auf.

Aber damit klammert er aus, dass er schon immer eingebettet ist:

- Eingebettet ist in eine soziale Gemeinschaft – kein Baby kann alleine aufwachsen.
- Eingebettet ist in eine Sprachgemeinschaft – jeder Mensch lernt denken in seiner Muttersprache.
- Eingebettet ist in einen moralischen Raum – kein Kind lernt Spielregeln und die Unterscheidung von gut und schlecht ohne Kontakt mit seinen Mitmenschen.
- Eingebettet ist in die ihn umgebende Natur – jeder Mensch ernährt sich von funktionierenden komplexen Ökosystemen und lebt in ihnen. Jeder Mensch ist immer schon in Kultur und Natur eingebettet.

Fazit: Wir überwinden viele unserer Probleme, wenn wir ausgeklammerte Verbindungen und Zusammenhänge wieder einbeziehen, würdigen, thematisieren und dann neue Perspektiven, Denkweisen und Handlungen entwickeln.

Jesus spricht mit der kanaanäischen Frau, er lernt aus dem Kontakt mit dieser Frau. Sie öffnet ihm die Augen dafür, dass er auch zu den Heiden gesandt ist. Der Geist Gottes öffne auch unsere Augen, damit wir die Zusammenhänge sehen, die wir so gerne ausklammern, damit wir die Folgen unseres Handelns erkennen, die wir gerne verdrängen, auf dass wir gerechter und fairer und vernetzter handeln!

Wunder

Bibeltext: Mk 1, 40-45, 6. Sonntag im Lesejahr B

„Im gleichen Augenblick verschwand der Aussatz und der Mann war rein." Ein Wunder! Und gleich fragen sich viele: Gibt es Wunder überhaupt? So fragt z. B. der moderne Naturwissenschaftler den Gläubigen! Ja der heutige Christ mit seinem naturwissenschaftlichem Wissen fragt sich selber: Stimmen diese Wundergeschichte in der Bibel überhaupt?
Bei diesen Fragen müssen wir zwei Denkfehler vermeiden:
1. Denkfehler: Ein Wunder ist, wenn Gott von außen einmalig in den Weltenlauf eingreift. Stellen wir uns eine Modelleisenbahn vor: Zwei Züge fahren aufeinander zu. Nun kann ich als Erbauer und allmächtiger Herrscher dieser Modelleisenbahn von außen eingreifen und den einen Zug z. B. mit der Hand ergreifen und aus dem Spiel nehmen. Wären Sie eine Figur in dieser Modelleisenbahn, dann wäre für Sie ein Wunder geschehen. Eine göttliche Hand hätte den Zusammenprall verhindert.
So dürfen wir uns ein Wunder nicht vorstellen. Denn diese Vorstellung bereitet uns sehr viele Nachteile:
Sie schafft einen Graben zwischen modernen naturwissenschaftlichem Denken und christlichem, gläubigem Denken. Denn ein kurzzeitiges Außer-Kraft-Setzen von Naturgesetzen kann sich der Naturwissenschaftler nicht vorstellen. Er schaut den Gläubigen an und denkt sich: Der hat ja nicht mehr alle Tassen im Schrank!
Sie denkt auch zu klein von Gott: Wenn Gott bei einem Wunder einmalig eingreift, heißt das im Umkehrschluss, dass Gott sich sonst zurückhält. Hat er in der Schöpfung die Welt mit ihren Naturgesetzen eingerichtet und lässt er seitdem sie einfach so weiterlaufen – nur manchmal greift er ein...?
Aus diesem zweiten kritischen Gedanken erschließt sich uns ein Ausweg aus dem ersten Denkfehler:

Ausweg: Wenn Gott nicht ab und zu eingreift, sondern eigentlich immer im Hintergrund wirkt, seine Schöpfung trägt, begleitet, mit Gnade und Weisheit beschenkt, dann können wir Wunder auch folgendermaßen verstehen: Wenn wir sagen, hier ist ein Wunder passiert, dann wird Gottes Wirken, das eigentlich immer da ist, etwas transparenter, offensichtlicher als sonst. Das führt uns dann auch nicht in ein „entweder – oder" sondern in ein „sowohl – als auch": Im ersten Denkfehler denken wir „Entweder wirkt der Mensch bzw. die Natur oder Gott wirkt". Bei unserem sinnvollen Verständnis von Wunder sagen wir: „Sowohl Gott als auch der Mensch bzw. die Natur wirkt" oder anders gesagt: Gott wirkt durch uns bzw. die Natur hindurch.

2. Denkfehler: Alles ist notwendig nach Naturgesetzen ablaufend! Vom 17. bis zum 19. Jahrhundert dachten viele, dass alles in der Natur und im Kosmos notwendig abläuft und wenn man alle Formeln hätte, könnte man klar alle Ereignisse und Vorgänge berechnen und voraussagen. Alles ist so berechenbar wie die Mechanik einer Uhr. Dieses Weltbild ist fatal für Gläubige: Dann hat höchstens Gott am Anfang die Welt eingerichtet. Seit dem Urknall spielt er eigentlich keine Rolle mehr.

Ausweg: Spätestens seit der Quantenmechanik ist die ganze Welt wieder – ja ich möchte fast sagen – verzaubert: Wir können nie alles exakt berechnen. Das sagt uns schon die Heisenbergsche Unschärferelation! Und kein Mensch kann mit seinem Verstand die Doppelnatur des Lichts erfassen! Die Physik selber eröffnet uns wieder einen Raum des Staunens und des Wunderbaren!

Nun kann man einwenden: Aber unser normaler Bereich ist doch quasi deterministisch, von den üblichen Naturgesetzen festgelegt. Dem erwidere ich: Aber nicht das menschliche Handeln und die menschliche Geschichte. Wir Menschen sind zwar nicht absolut frei, aber doch relativ bedingt frei: Ich lebe menschliche Freiheit immer in Beziehungen.

Daraus ergibt sich z. B. für das Gebet: Der Beter verändert sich selbst, wenn er im Gebet zu Gott spricht und seine Gottesbeziehung pflegt. Jesus betonte bei seinen Heilungen die Beziehung. Er sagte nie: Ich habe Dich geheilt. Sondern meistens sagte er: Dein Glaube hat dir geholfen. Glaube ist aber Vertrauen in Gott. Wunder ereignen sich, wenn ich auf Gott vertraue, wenn ich mit Gott spreche, wenn ich auf meine Gottesbeziehung baue! Wunder kann so viel sein: die aufbrechende Frühlingsblume, ein neugeborenes Kind, die Versöhnung zweier Menschen, eine plötzliche Heilung einer schweren Krankheit…

Für mich die zwei größten deutschen Wunder im 20. Jahrhundert sind: Die Versöhnung von Deutschland und Frankreich nach dem II. Weltkrieg und die friedliche Überwindung der DDR-Diktatur mit darauf folgender Wiedervereinigung! Bei beiden Wundern wirkte Gott durch gläubige Menschen hindurch, um diese Wunder zu bewirken!

3. Denkfehler: Wenn man überhaupt menschliche Geschichte als Prozesse versteht, die gewissen Gesetzen folgen, dann verbaut man sich möglicherweise die Möglichkeit, dass geschichtliche Wunder passieren können. Oswald Spengler z. B. schrieb ein großes philosophisches Werk, in dem er nachweisen wollte, dass Kulturen sich nach einem festen Zyklus entwickeln: Aufgang, Höhepunkt, Zerfall.

Nun in gewisser Weise stimmt es schon, dass es in der menschlichen Geschichte immer wieder Großreiche gab, die dann wieder an Macht verloren und untergingen. Aber man sollte daraus nicht ein zu strenges „Gesetz" machen. Denn die menschliche Geschichte ist letztlich offen und hochkomplex. Jedes Zyklusmodell wird der wahren Geschichte und seiner Komplexität nicht gerecht und verhindert, dass wir darauf vertrauen, dass es auch in der Geschichte Wunder geben kann. Zyklische Modelle prognostizieren irgendwann Zerfall, den Untergang des Abendlandes. Das führt uns nur in die

Resignation! Deswegen machen wir uns frei von zyklischen Geschichtsmodellen!

Aber auch die geschichtlichen Wunder brauchen unser Mittun.

Ausweg, damit auch in Zukunft Wunder möglich sind, bietet uns eine Haltung, die Ignatius treffend so formuliert:

„Vertraue so auf Gott, dass du dabei nie auf das Mittun vergisst; und dennoch: Tu so mit, dass eben dieses Mitarbeiten erfüllt bleibe vom Wissen um die alleinige Gewalt Gottes."

Ignatius von Loyola

Christkönig: Die eigene Haut aufs Spiel setzen

Was zeichnet Jesus Christus als König aus?
Er ist ja nicht ein üblicher König, sondern ein Anders-König!
Um eine mögliche Antwort zu geben, beginne ich mit einem Kinderroman, der ein weltberühmtes Drama neu erzählt. Mit „Ronja Räubertöchter" erzählt Astrid Lindgren „Romeo und Julia" von Shakespeare auf neue Weise!
Zwei Familien stehen sich feindlich gegenüber: die Mattisräuber und die Borkaräuber. Sie müssen sich eine Burg teilen, die durch einen tiefen Graben geteilt ist. Aber Mattis möchte seine Gegner wieder aus dem anderen Teil der Burg haben! Sie sollen bleiben, wo der Pfeffer wächst – aber nicht in seiner Burg leben.
Die Kinder der Hauptmänner befreunden sich: Ronja und Birk. Natürlich erst heimlich.
Aber auf dem Höhepunkt der Geschichte passiert folgendes:
Eines Tages im Frühlingsanfang ist der Hauptmann Mattis in bester Stimmung. Er hat den Sohn von Borka, Birk, festgenommen. Wie Ronja das sieht, ist sie entsetzt. "Wenn du Menschen raubst, möchte ich deine Tochter nicht mehr sein." Am Tag drauf treffen sich Mattis und Borka auf den zwei Seiten des Höllenschlundes. Mattis schlägt einen Tauschhandel vor: Wenn Borka sich von der Burg verzieht, bekommt er den Sohn zurück. Aber Borka kann noch nicht die Burg verlassen. Ronja sieht es, hört zu und möchte ihrem Vater bestrafen, weil er so unbarmherzig ist. Da fällt ihr etwas ein: Sie springt über den Höllenschlund. Jetzt ist sie in den Händen von Borka, dem Feind ihres Vaters!
Sie setzt ihre eigene Haut aufs Spiel! Weil sie mit Birk befreundet ist und ihn liebt, setzt sie ihre eigene Haut aufs Spiel. Sie kann nicht wissen, was der Hauptmann Borka mit ihr macht. Sie weiß nur, dass sie das Machtspiel ihres Vaters komplett durch ihren Sprung verändert.

Nun schlägt Borka einen Tauschhandel vor: Birk gegen Ronja. Mattis ist entsetzt: "Birk kannst du haben. Aber ich habe keine Tochter mehr." Da kommt Lowis, die Mutter von Ronja: "Aber ich habe eine Tochter und ich möchte sie zurück haben, auch wenn ihr Vater den Verstand verloren hat."

Am Abend jenes Tages entschloss sich Ronja, die Mattisburg zu verlassen. Sie wollte, sie musste ihre Eltern verlassen. In der Bärenhöhle angekommen sieht Ronja: Birk hat auch seine Eltern verlassen. Jetzt sind sie zusammen, Ronja und Birk. Sie verbringen eine wunderbare Zeit miteinander Der Frühling vergeht, der Sommer vergeht und Ronja und Birk leben die ganze Zeit in der Bärenhöhle. Am Schluss bringen die zwei Kinder die verfeindeten Familien zusammen. Eine Romeo und Julia Geschichte, die gut ausgeht.

Was hat diese Geschichte mit Christkönig zu tun? Eine Antwort findet man bei dem Autor: Nassim Nicholas Taleb. Er hat 2008 in seinem Buch „Der schwarze Schwan" die Finanzkrise 2009 vorhergesagt. Er analysiert in all seinen Büchern die Unberechenbarkeit der Welt und wie wir Menschen mit dieser komplexen Welt umgehen sollten.

Sein neuestes Buch hat den Titel: Skin in the Game. Oder auf Deutsch: Die eigene Haut aufs Spiel setzen. Er schreibt episch breit, wie ein orientalischer Geschichtenerzähler. Was er in 1001 Nächten ausbreitet, könnte man strukturiert auch in einer Nacht darlegen. Die Grundthese ist immer knapp formulierbar.

Skin in the Game will uns aufzeigen: Wir sollten die Menschen ernst nehmen, die irgendwie selbst etwas riskieren, die sich mit der eigenen Existenz einsetzen, bei denen Worte und Handeln zusammen passen. Wir sollten aber allen gegenüber skeptisch sein, die sich ihre Hände nicht schmutzig machen wollen und andere das Risiko tragen lassen.

Ein Beispiel aus seinem Buch: Die römischen Kaiser gingen mit ihren Heeren in die Schlacht und riskierten dabei selbst ihr Leben. Dagegen haben die Banker vor der Finanzkrise 2008 das Risiko wackeliger Kredite auf ihre Gläubiger verstreut und diese Risiken verschleiert.

Jesus setzt seine eigene Haut aufs Spiel In der Mitte des Buches schreibt er über Jesus: „Jesus nahm Risiken auf sich: theologisch gesehen wäre es einfacher, wenn Gott Gott und Jesus ein Mensch wäre, einfach ein weiterer Prophet; aber nein, er musste Mensch und Gott sein. Offenbar war es den Kirchengründern ein echtes Anliegen, dass Christus seine Haut aufs Spiel setzte, dass er am Kreuz wirklich litt, sich opferte und starb. Er war einer, der ein Risiko auf sich nahm. Und was noch entscheidender für unsere Geschichte ist – er opferte sich für das Heil anderer. Ein Gott, der die menschliche Natur abgestreift hat, kann seine Haut nicht in solcher Weise aufs Spiel setzen; er kann nicht wirklich leiden. Ein Gott, der am Kreuz nicht wirklich litt, wäre wie ein Zauberer, der eine Illusion vorführt. Die menschliche Natur von Jesus erlaubt uns Sterblichen den Zugang zu Gott, sie ermöglicht uns, mit ihm zu verschmelzen, zu einem Teil Gottes zu werden, um am Göttlichen zu partizipieren."[35]

Paulus drückt dies so aus: Christus hielt nicht daran fest, Gott gleich zu sein, sondern er entäußerte sich und wurde wie ein Sklave, den Menschen gleich.

Mit der Ronjageschichte können wir es auch so sagen: Christus springt von der Gottes Seite zur menschlichen Seite. Er überwindet den Graben zwischen Gott und Mensch durch seinen Sprung. Er solidarisiert sich mit allen Menschen und am Kreuz setzt er seine eigene Haut aufs Spiel.

Er ist König, gerade weil er seine eigene Haut aufs Spiel setzt, noch mehr König als die römischen Kaiser, weil er alleine den Kreuzweg geht und seine Jünger nicht mit hineinzieht.

Wie Ronja durch ihren Sprung ermöglicht, dass sich die zwei verfeindeten Familien versöhnen können, umso mehr versöhnt Christus alle Menschen mit Gott und alle Menschen untereinander durch seinen göttlichen Sprung auf die menschliche Seite und seinen vollen Einsatz. Er ist König der

Welt, weil er als Sohn Gottes seine eigene Haut völlig aufs Spiel setzte.

Daraus erwächst uns Christen eine unglaubliche Zuversicht. Die vielen Heiligen und besonders die Märtyrer lebten aus dieser Gewissheit: Gott selbst steht mir bei, weil Christus selber seine Haut aufs Spiel gesetzt hat.

Solidarität bis zum Ende der Zeiten Wir sind am Ende des Kirchenjahres und schauen damit auch auf das Ende der Zeiten: Aus unseren Betrachtungen können wir sogar erahnen und hoffen, dass Christus seinen vollen Einsatz für uns Menschen durchhält, bis zum Ende.

Stellen Sie sich einen Gerichtssaal vor. Gottvater sitzt nicht auf dem Richterstuhl sondern auf der Anklagebank. Der Sohn Jesus Christus mit seinen Wundmalen hat den Platz des Klägers eingenommen. Hinter ihm stehen Millionen von Menschen. Geschundene, Leidende, Kranke, Ausgenutzte, Arme erkennt man. In ihrem Namen spricht Jesus Christus. Er stellt die Frage, die er schon am Kreuz gestellt hat: Warum?

Warum hast Du diese Welt so geschaffen, dass viele Menschen so viel Leid erfahren mussten? Warum hast Du die Menschen so erschaffen, dass zu oft Gewalt, Egoismus, Machtmissbrauch über Kooperation, Mitleid und Lernbereitschaft siegte? Obwohl doch ihre innere Natur dem widersprechen sollte? Warum die vielen Irrwege und Umwege und Sackgassen? Nur weil die Freiheit so wertvoll sei? Das verstehen wir nicht! Siehe die Menschen hinter mir. Ich bin ihr Anwalt. Am Kreuz habe ich mich völlig auf ihre Seite gestellt und bringe ihr Leid vor Dich!

Was Gottvater darauf antwortet, weiß ich nicht.

Aber wir ahnen vom Glauben her etwas anderes. Der Heilige Geist hat in dieser Gerichtsverhandlung die Aufgabe eines Vermittlers. Wie ein Mediator öffnet er sein Ohr und Herz beiden Seiten. Er ist mit seiner Liebe der einzige, der die Zerrissenheit zwischen Gottvater und Sohn aushalten und heilen kann.

Und Gottvater macht Christus zum König der Welt, weil er sich so radikal mit den Menschen solidarisiert hat!

Jesus hat am Kreuz seine eigene Haut aufs Spiel gesetzt und bleibt bis zum Ende der Zeiten solidarisch mit uns Menschen! Das ist unser tiefstes Fundament, zuversichtlich bleiben zu können. Wir können es wagen, auch uns selber einzusetzen! Wer seine eigene Haut aufs Spiel setzt, der ist getragen und gehalten durch den, der für alle Menschen seine Haut aufs Spiel setzte: Jesus Christus, dem König der Welt!

Der Heilige Geist wirkt heute in jungen Menschen!

Ein Jugendgottesdienst an Pfingsten
Bei der Einführung
Zwei Jugendliche (evtl. gespielt von zwei Ministranten) wischen über ihr Handys.
Ein Herr sitzt neben ihnen und beginnt das Gespräch mit den zwei Jugendlichen
Herr: Die Jugend von heute ist völlig unpolitisch. Ihr schaut doch nur noch Youtube und schreibt Euch über WhatsApp
Jugendliche 1: Stimmt doch gar nicht! Sie lesen anscheinend selbst nicht genügend Nachrichten!
Herr: Ich lese im Gegensatz zu Dir die Tageszeitung „Die Erlanger Nachrichten"
Jugendliche 2: Aber schauen Sie doch mal! Hier steht es: Ein halbes Jahrhundert nach der 68er-Protesten sind es immer häufiger Teenager, die Massen für politische Themen begeistern!
Herr: Das ist doch Unsinn! Welche Jugendliche begeistern heute Menschen für politische Themen!
Jugendliche 1: Emma Gonzalez, 18 Jahre alt, demonstrierte mit ihren Mitschülern für schärfere Waffengesetze nach dem Amoklauf in ihrer Highschool in Florida.
Jugendliche 2: Joshua Wong, 17 Jahre alt, führte die Regenbogenbewegung in Hongkong an. Für mehr Demokratie und gegen die Macht der chinesischen Regierung.
Herr: Was ihr alles wisst!
Jugendliche 1: Es gibt eben auch Zeitungsartikel im Internet!
Herr: Okay! Zwei Beispiele! Aber das sind doch ganz seltene Ausnahmen!
Jugendliche 1: Seien Sie nicht so pessimistisch und misepetrig!
Herr: Nicht frech werden, junge Dame!
Jugendliche 2: Naja. Ohne ein bisschen frech werden kann man gar nicht politisch werden.
Jugendliche 1: Außerdem gibt es noch weitere mutige Teenager.

Die Pakistanerin Malala war sogar schon als 11-Jährige berühmt, weil sie in einem Blog die Verbrechen der Taliban angeprangert hatte. Nachdem sie auf ihrem Nachhauseweg angeschossen worden war, bekam sie den Friedensnobelpreis. Da war sie gerade mal 16 Jahre alt.

Herr: Aber hier in Deutschland. Da sind die Teenager unpolitisch!

Jugendliche 2: Kennen Sie nicht Felix Finkenbeiner. Er hat die weltweite Organisation „Plant the planet" gegründet. Pflanzen wir ganz ganz viele Bäume. Das kann die Klimakatastrophe verhindern!

Herr: Ich gebe mich geschlagen!

Jugendliche 1: Sie sollen sich nicht geschlagen geben, sondern sich freuen!

Jugendliche 2: Sie können z. B. Plant the Planet Geld spenden, damit weiter Bäume gepflanzt werden!

Zur Lesung

Zwei Jugendliche wischen über ihr Handy

Herr: Na ihr zwei Polit-Jugendliche! Wieder übers Handy vertieft!

Jugendliche 1: Hallo, haben Sie inzwischen in Ihrer Zeitung alles nachgelesen? Wissen Sie eigentlich, was Obama zu den demonstrierenden Jugendlichen gesagt hat!?

Herr: Nein, das weiß ich nicht!

Jugendliche 1: Obama twitterte: „Wir haben auf euch gewartet." Und selbst die First Lady Melania Trump ergriff für die Teenager Partei: „Die Kinder sind unsere Zukunft, und sie verdienen, gehört zu werden", sagte sie in einer Rede. Es war das erste Mal überhaupt, dass Melania Trump sich in eine politische Diskussion einmischte.

Jugendliche 2: Wissen Sie, was Schüler in den USA für den Fall eines Amoklaufs trainieren müssen?

Herr: Du wirst es mir bestimmt gleich sagen!

Jugendliche 1: Schon als Erstklässler haben sie geübt, eine halbe Stunde lang still im Schrank zu stehen, damit der Angreifer sie nicht findet.

Jugendliche 2: Richtig große Demos haben die Jugendliche organisiert und andere Jugendliche im ganzen Land folgten ihrem Beispiel.

Jugendliche 1: Auf der Demo berichtete ein Zwölftklässler über seinen Vater, der von einem Kunden in seinem eigenen Laden erschossen wurde. Eine Lehrerin erzählte über die zunehmende Angst in den Klassen.

Jugendliche 2: Und sie haben ja schon etwas erreicht: Der Bürgermeister hat sich öffentlich hinter die Demo gestellt. Der republikanische Gouverneur von Florida, Rick Scott, hat öffentlich mit Donald Trump und der NRA gebrochen, nachdem beide gefordert hatten, Lehrer in Schulen zu bewaffnen. Scott hat stattdessen erklärt, er wolle das Alter für legalen Waffenbesitz in Florida von 18 auf 21 Jahre anheben. Auch Firmen haben ihre Vergünstigungen für NRA-Mitglieder aufgehoben. So eine Entwicklung ist neu in den USA!

Nach dem Evangelium

Herr liest Zeitung und die zwei Jugendlichen kommen vorbei:

Jugendliche 1 (tippt ihm auf die Schulter): Steht da was auch über Schuhtesskat drin?

Herr: Ach, ihr seid es! Wer bitte??

Jugendliche 2: Schutesskat.

Herr: Wie wird der geschrieben?

Jugendliche 1: Ohje. Sein geschriebener Name ist ja noch komplizierter: X I U H T E Z C A T L

Herr: Lasst mich doch mit Euren Comicfiguren in Ruhe!

Jugendliche 2: Das ist keine Comicfigur! Das ist ein echter Held.

Jugendliche 1: Er hat Donald Trump verklagt!

Jugendliche 2: Besser gesagt die ganze US-Regierung. Grund: Die Unterstützung der Kohle und Ölindustrie gefährdet das

83

Weltklima und damit die Zukunft der jungen Menschen. Deswegen haben er und 20 Jugendliche die US-Regierung verklagt.

Jugendliche 1: Hammer oder!!

Herr: Der hat doch nie eine Chance!

Jugendliche 2: Trotzdem Sie Miesepeter! Diese Aktion, seine Jugend und sein Redetalent macht die Umweltbewegung wieder cool in Amerika!

Jugendliche 1: Obwohl er erst 17 ist, stand er schon so oft auf der Bühne, dass er die Auftritte nicht mehr zählen kann. Mit neun Jahren begann er gegen Kohle- und Fracking-Unternehmen zu protestieren. Mit 15 sprach er vor der Generalversammlung der Vereinten Nationen – als jüngster Redner in deren Geschichte. Er wird zu Fernsehshows und internationalen Kongressen eingeladen, manche Veranstalter zahlen Zehntausende Euro, nur um ihn reden zu hören. Vor allem ein Vorhaben macht ihn zum Star unter Umweltaktivisten auf der ganzen Welt: Gemeinsam mit 20 anderen Jugendlichen verklagte er die US-Regierung für ihre Klimapolitik.

Jugendliche 1: Man sieht die Gletscher nicht schmelzen, die Treibhausgase riecht man nicht, Hungersnöte in Afrika sind weit weg. Die meisten glauben nicht, dass der Klimawandel sie persönlich betreffen wird. "Ich will die Verbindung wiederherstellen", sagt SchuhTesskat. "Die Menschen müssen checken, dass es sie alle was angeht." Mit anderen Worten: Er hat sich keine geringere Aufgabe gesetzt, als ihr Denken zu ändern. Er möchte den Klimaschutz cool machen – nicht nur bei linken Freaks, bei allen Menschen!

Jugendliche 2: Einen coolen Satz von ihm können Sie sich merken: "Wenn jemand vor 100 Jahren gesagt hätte, dass heute Schwule heiraten und ein Schwarzer Präsident wird, hätte das auch keiner geglaubt. Also lasst uns das Unmögliche möglich machen!"

Allerheiligen: Ambivalente Heilige?

Allerheiligen ist wie ein Regenbogen. Wenn ich Licht durch ein Prisma schicke, fächert sich das Licht in verschiedene Farben auf: Es entsteht ein Regenbogen. Das weiße Licht enthält Licht mit unterschiedlichen Wellenlängen. Durch das Prisma wird es aufgefächert.

Die Vielfalt der Heiligen zeigt uns, wie vielfältig und bunt Nachfolge Christi sein kein.

Weil wir Menschen sehr unterschiedlich sind, ist es wertvoll, dass wir als Christen eine Vielzahl von inspirierende Vorbilder haben. Viele dieser Heiligen erscheinen uns als Halt und Erneuerer der Kirche. Ohne sie wäre die Kirche verkrustet, heruntergekommen, kraftlos.

Denken wir an Franziskus, der die mittelalterliche Kirche wiederbelebte!

Oder an Katharina von Siena, die die internen Streitigkeiten zwischen Papst und Gegenpapst beendete! Ich könnte nun noch viele Heilige aufzählen, die die Kirche bereicherten.

Es gibt aber genau zwei Heilige, die verantwortlich sind, dass das Christentum nicht in geschichtliche Unbedeutsamkeit versank: **Paulus und Kaiser Konstantin.**

Paulus kämpfte mit aller Deutlichkeit und Hartnäckigkeit dafür, dass man nicht erst Jude werden muss, um Christ zu werden. Soziologisch betrachtet wäre das Christentum eine kleine jüdische Sekte geblieben, irgendwann vergessen, wenn man als Christ beschnitten hätte sein müssen und alle jüdischen Gesetze hätte halten müssen. Paulus kämpfte natürlich aus theologischen Gründen gegen die Beschneidungsauflage. Aber soziologisch betrachtet wurde das Christentum im römischen Reich nur attraktiv, weil man sich nicht beschneiden lassen musste.

Und Kaiser Konstantin? Er machte das Christentum zur Staatsreligion. Wer weiß, was aus dem christlichen Glauben geworden wäre, wenn es immer eine Minderheitenreligion im römischen Reich geblieben wäre. Es hätte sich wohl nie so stark verbreitern können. Eventuell wäre es heute so unbedeutend wie die Religionsgruppe, die Zarathustra als Propheten und Religionsgründer ansehen. Das ist nicht meine persönliche Einschätzung sondern die vieler Historiker.

Ambivalente Entwicklung Wenn eine Religion Staatsreligion wird, verändert sich die Religion zwangsläufig, nicht immer zu ihrem Besten. Machtpolitiker können die Religion für ihre Zwecke einsetzen. Das Christsein verändert sich grundlegend: Was vorher idealistische Entscheidung war, kann nun opportunistischer Schachzug sein. Ja noch mehr: Es wird gesellschaftlicher Zwang!

In theologische Fragen mischen sich plötzlich Politiker. Da schickte der Kaiser aus politischen Gründen mal diese, dann jene Bischöfe ins Exil. Im Mittelalter hat der Papst Kreuzzüge ausgerufen und in der Renaissance ließen die katholischen Könige in Spanien Juden zwangstaufen.

Ohne Kaiser Konstantin säßen wir heute vielleicht gar nicht hier. Mit Kaiser Konstantin aber verwandelte sich das Christentum grundsätzlich, nicht völlig zum Besten. Es ging eine zwiespältige Liaison mit den Mächtigen ein.

Ambivalente Heilige Mit Kaiser Konstantin komme ich zu einer besonderen Kategorie von Heiligen. Die Kategorie heilige Politiker. In dieser Gruppe von Heiligen sind viele – naja, ich möchte vorsichtig sagen: aus heutiger Sicht ambivalente, zwiespältige Heilige!

Nehmen wir zum Beispiel unseren Bistumsgründer Kaiser Heinrich: Ein knallharter Machtpolitiker, der seine Rivalen geschickt ausschaltete. Ein skeptischer Ehemann, der seine Ehefrau in gefährliche Prüfungen schickte, die ihre Ehre aufweisen sollte. Ist er ein Heiliger oder ein Machtpolitiker?

Sollen wir Kaiser Heinrich nicht mehr feiern? Nun: er hat unser Bistum gegründet.

Den Spagat aushalten Was sollen wir mit dieser Spannung anfangen? Ich fand eine Antwort bei Rahners Text: „Rede des heiligen Ignatius an einen Jesuiten von heute." Es ist natürlich eine fiktive Rede. Es ist eines der wichtigsten Texte, die Rahner geschrieben hat. In dieser Rede wird auch die Frage behandelt: Warum wollte Ignatius nicht, dass Mitglieder aus seinem Orden Bischöfe oder Kardinäle werden; und was würde er heute zu den Jesuiten sagen, die ein solches Amt inne haben? "Merkt ihr nicht, wie sich da meine und eure Mentalität unterscheidet? Ihr werdet sagen: ja damals waren eben andere Zeiten [...]. Stimmt nicht! Erstens sind Kardinäle und Bischöfe eben doch auch heute noch Leute, die sehr erheblich von der Versuchung der Macht bedrängt sind. Und zweitens müsstet Ihr eben (wenn ihr Recht hätte) euch fragen, wo denn heute die Stellen, Ämter, Schalthebel usw. in der Kirche liegen, auf die ihr in meinem Geist entschlossen verzichten müsste, um ohne "Macht", im reinen Vertrauen auf die Kraft des Geistes und der Torheit Christi den Menschen durch die Kirche hindurch zu dienen. Bischof wie Helder Camara kann heute einer von euch ruhig werden, denn dann riskiert er für die Armen Kopf und Kragen. Aber überlegt, wo heute die "Bischofsstühle" stehen, wie sie heute vielleicht ganz anders heißen, auf denen ihr nicht sitzen sollt, obwohl man auch nachweisen kann, dass sie in der Kirche unentbehrlich sind. Ich weiß das Problem, das da im Grunde liegt: wie kann eine charismatische Gemeinschaft radikaler Jesusnachfolge auch ein kirchlich institutionalisierten Orden sein? Natürlich war ich selig, als der Orden von den Päpsten schon zu meinen Lebzeiten kirchenamtlich approbiert wurde. Und ihr müsst das Wunder diese Identifikation immer neu zu vollbringen suchen. Die Rechnung wird nie aufgeben. Aber versucht es immer neu. Eines von den zweien allein ist zu wenig. Erst beides zusammen kreuzigt genug."[36]

Diese Spannung gilt auch für die ganze Kirche: sie ist eine charismatische Gemeinschaft von Jesusnachfolgern und gleichzeitig eine Institution.

Die Kirche muss diese Grundspannung aushalten. Das geht aber nur mit der Vielfalt der Heiligen.

Selbstverständlich können wir sagen: Ein Franziskus von Assisi, eine Theresa von Avila, ein Ignatius von Loyola, ein Oscar Romero oder eine Mutter Teresa, ein Philipp Neri oder ein Johannes Don Bosco inspirieren und begeistern heute Menschen. Ihre Schriften, Predigten, Briefe und ihre Biographien lesen wir heute und begeistern uns. Es sind nicht die Schriften oder Biographien des Kaisers Heinrich oder des Kaisers Konstantin, die Menschen zur Nachfolge Jesu Christi begeistern!

Respekt vor ihren Mut Können wir nun gar nichts von den ambivalenten Politiker-Heiligen lernen? Ich glaube schon: Wer Politik betreibt, muss in komplexen Situationen Entscheidungen fällen, Kompromisse eingehen, unwägbare Folgen in Kauf nehmen. Ambivalente Politiker-Heilige stellten sich der Komplexität!

Es gehört Mut dazu und Verantwortungsbewusstsein, um trotz aller Unsicherheit weitreichende Entscheidungen zu fällen. Für diesen Mut und dieses Verantwortungsbewusstsein verdienen sie Respekt, auch wenn sie nicht immer optimal oder vorbildlich entschieden haben.

Petrus und Paulus – das UND leben

Die apostolische Kirche ist auf zwei Apostel gegründet, nicht auf einen! Petrus UND Paulus!
Das ist bemerkenswert! Es ist äußerst wertvoll, dass wir die beiden Gründerapostel gemeinsam vereint feiern.
Jetzt könnte man erwidern: Aber die Kirche ist doch vom einen Herrn gegründet: Jesus Christus. Stimmt! Aber auch unser Herr ist die Einheit zweier Naturen: der menschlichen und der göttlichen Natur. Da haben wir wieder ein UND!
Vielleicht ist alles Wertvolle auf Erden, alles „Einheitliche" im diesseitigen Leben nur durch ein UND lebbar und erfahrbar.
Ergänzende Gegensätze Auch andere Religionen haben das erahnt. Das Bekannteste Beispiel ist Yin und Yang. Beide Seiten ergänzen sich, auch wenn sie gegensätzlich sind. Yin und Yang kann außerdem sehr viel bedeuten: Die Sonnenseite und die Schattenseite. Aufsteigen und Absteigen. Geben und Empfangen Usw.
Der katholische Philosoph und Theologe Romano Guardini hat diese Erkenntnis all seinem Schaffen zugrunde gelegt und explizit erörtert in seinem Werk: „Der Gegensatz. Eine Philosophie des Lebendig-Konkreten."
Also kommen wir mit diesem angedeuteten Hintergrund zu Petrus und Paulus zurück. Sind sie auch so gegensätzlich wie Yin und Yang? Und sollen sie sich auch gegenseitig ergänzen, damit eine lebendig-konkrete Kirche, ein lebendig-konkreter Glaube entstehen kann? Sammeln wir einmal die sich ergänzenden Gegensätze, die Petrus und Paulus vereinen:
Petrus ist mit Jesus drei Jahre umhergezogen. Er hat seine Predigt und Gleichnisse gehört, seine Wunder erlebt, seine Gespräche mit den Menschen mitgehört. Er sah Jesus am Kreuz sterben und er erlebte den Auferstandenen. Er hat Jesus als äußeren Lehrer gehabt. Jesus stand ihm gegenüber und Petrus erlebte ihn erst

einmal als Mensch und erkannte dann immer mehr seine Göttlichkeit.

Bei Paulus ist das umgekehrt: Paulus erlebte zuerst den Auferstandenen. Er ging dann nicht nach Jerusalem zu den anderen Jüngern, um sich erzählen zu lassen, was Jesus gepredigt und gelehrt hat. Das ist sehr erstaunlich. Wie kann Paulus die Botschaft, das Evangelium weiter tragen, wenn er nicht viel davon weiß, was Jesus für Gleichnisse erzählt hat, wie er mit den Menschen geredet hat usw.? Weil Paulus in die Wüste ging und dann den Auferstandenen als inneren Lehrer hatte.

Das sind zwei Zugänge zu Jesus:
Jesus als Wanderprediger, als äußeren Lehrer kennenlernen UND Jesus als innerer Lehrer durch den Heiligen Geist lauschen.

Damit ist eine andere Differenz gekoppelt:
Ich kann Jesus Christus erst einmal als Menschen kennenlernen und erkenne dann seine Göttlichkeit. Diesen Weg lassen uns besonders die ersten drei Evangelien gehen. Es ist der Weg von unten nach oben. Vom menschlichen Erleben zum göttlichen Erkennen. Wir hören erst Jesu Leben, Worte, Predigten, Gleichnisse, Gespräche, Wunder usw. Dadurch erkennen wir immer mehr seine Besonderheit, seine Göttlichkeit.

Ich kann aber auch von der Göttlichkeit Jesu ausgehen. Paulus erlebte den Auferstandenen. Christus offenbarte sich ihm als Sohn Gottes. Christus war Gott gleich, hielt aber nicht daran fest, wie Gott zu sein, sondern er entäußerte sich und wurde wie ein Sklave, den Menschen gleich. Er war gehorsam bis zum Tod am Kreuz. Darum hat Gott ihn über alle erhöht und ihm einen Namen über alle Namen gegeben. Das ist kurz gefasst der Hymnus im Philipperbrief. Das ist der Weg von oben nach unten.

Ursprung und Ausbreitung Eine weitere Differenz: Petrus steht für die Urkirche in Jerusalem. Er ist das Haupt dieser ersten Kirche. Er steht damit für den Ursprung.

Paulus dagegen geht im ganzen römischen Reich umher und verkündet und gründet Gemeinden. Er steht für die Ausbreitung des Christentums.

Streit zwischen Paulus und Petrus Damit Paulus den Glauben an Christus ausbreiten konnte, musste er sich aber erst einmal richtig mit Petrus anlegen. Die wichtigste Entscheidung in der jungen Kirche war: Heiden müssen nicht erst Juden werden, um Christen zu werden. Oder kurz gefasst: Man muss sich nicht beschneiden lassen, um Christ zu werden. Das entschied das Apostelkonzil!

Aber sind die Judenchristen vielleicht nicht doch die besseren Christen als die Heidenchristen? Petrus besuchte die Heidenchristen in Antiochien. Er aß selbstverständlich mit den Heidenchristen an einem Tisch. Als aber die Hardliner-Judenchristen aus Jerusalem kamen, verkrümmelte sich Petrus und wollte nicht mehr mit den Heidenchristen an einem Tisch sitzen. Das brachte Paulus in Rage. Wie er im Galaterbrief berichtet stellte er Petrus scharf zu Rede. Paulus zeigte also Petrus die rote Karte! Dann ist erst einmal Sendepause zwischen beiden. Das können wir auch von den beiden lernen. Ein UND ist manchmal gar nicht leicht zu leben. Ohne Konflikte lebt man ein großes UND selten! Und manchmal zerfällt das UND in zwei Teile. In zwei entgegengesetzte Teile. In zwei verfeindete Teile. Paulus schickte jedenfalls immer wieder Kollekten zur Urkirche. Das war sicher ein Element des Versöhnungsprozesses zwischen beiden. Aber wie tröstlich ist diese Geschichte für uns: Wenn es schon zwischen Petrus und Paulus mal krachte, dann sollten wir Streitigkeiten, Meinungsverschiedenheiten, Auseinander-setzungen in der Kirche nicht grundsätzlich als schlecht oder schlimm ansehen. Ganz im Gegenteil: Das braucht es manchmal, um ein UND zu leben.

Es gibt noch viele UNDs in der Kirche, die die Kirche bereichern: Die drei synoptischen Evangelien UND das ganz andere Johannesevangelium.

Die Aufteilung der Kirche in Diözesen UND die vielen Ordensgemeinschaften, die mehr oder weniger unabhängig sind von den Diözesen.

Die Kirche als sichtbare, irdische Versammlung und Gesellschaft mit hierarchischen Organen UND die Kirche als geistliche Gemeinschaft und geheimnisvoller Leib Christi.

Es gibt auch noch viele UNDs, die das Leben bereichern: Eines der wichtigsten hat Bergson in seinem letzten Werk beschrieben. Die Moral der Pflicht bzw. des gesellschaftlichen Drucks UND die Moral der Begeisterung. Wir können an einem bekannten Beispiel dieses UND leicht verstehen: Ein guter Lehrer bietet immer beides: Einen klaren Ordnungsrahmen und eine gewisse Disziplin UND einen guten, spannenden, lebendigen, interessanten Unterricht!

Ich könnte die Liste noch weiter fortsetzen. Aber an diesem Festtag möchte ich besonders festhalten:

Leben ist immer etwas Komplexes. Sei es das Leben eines einzelnen Menschen, das Leben einer Kirche, das gesellschaftliche Leben heute oder komplexe Ökosysteme. Wir können dieser Komplexität nur mit „UNDs" adäquat begegnen.

Leben ist immer komplex und leben kann ich nur in einem UND: Individuum UND Gemeinschaft.

Freiheit UND gegenseitige Abhängigkeit. USW.

Petrus und Paulus sind Vorbilder, wie man das UND leben kann. Gerade auch durch ihre Reibereien sind sie uns Vorbilder: Streitigkeiten gehören dazu, um das UND lebendig leben zu können!

Weihnachtspredigt: Die Heilige Familie ist außer Haus

Wer seinen Arbeitsplatz für den Urlaub für einige Tage verlässt, der stellt heutzutage sein E-Mail-Programm um auf: Bin außer Haus. Wenn Sie dann Herrn Meier, der im Urlaub ist, eine E-Mail schreiben, bekommen Sie sofort eine E-Mail zurück: Herr Meier ist außer Haus.

Die Pfarrsekretärin der Pfarrei Heilige Familie war in der Weihnachtswoche im Urlaub und hatte ihr E-Mail-Programm umgestellt. Der Diözesanjugendpfarrer schrieb in derselben Weihnachtswoche wegen der Sternsingeraktion eine E-Mail an alle Pfarrämter. So erreichte den Diözesanjugendpfarrer eine E-Mail, die ihn so amüsierte und faszinierte, dass er diese E-Mail unbedingt seinen Mitarbeitern zeigen musste.

Die E-Mail lautete: Die Heilige Familie ist außer Haus.

Wie wahr. In der Weihnachtszeit ist wirklich die heilige Familie außer Haus. Sie müssen Nazareth wegen der Volkszählung verlassen. Das Kind wird in Bethlehem in einem Stall geboren, nicht zuhause. Als die Sterndeuter die heilige Familie besuchen, wird ihnen gesagt, dass sie sogar außer Landes flüchten müssen. So kommen sie sogar nach Ägypten. Die heilige Familie ist ganz schön lang außer Haus!

Wir können diesen Satz sogar noch steigern. Denn der Johannesprolog zeigt uns: An Weihnachten ist Gott außer Haus! Gott wird Mensch. Gott ist Fleisch geworden und hat unter uns gewohnt.

Man kann den Satz sogar übersetzen mit: Gott ist Fleisch geworden und er hat unter uns gezeltet. Gott zeltet in der Welt. So sehr setzt er sich der Welt aus. Denken wir dabei auch an das Alte Testament: Schon die Bundeslade wurde in einem Zelt aufbewahrt.

Drinnen und Draußen Wir fühlen uns daheim wohl. Gerade in der Weihnachtszeit bereiten wir unser zuhause gemütlich mit

Tannenbaum, warmen Tee, gutem Essen, Plausch bei Plätzchen und Kaffee oder genießen einen Spieleabend, singen zusammen Weihnachtslieder usw.

Aber Weihnachten: das was wir feiern, findet immer draußen statt: Die heilige Familie ist nicht zuhause. Gott wird Fleisch und zeltet unter den Menschen. Er ist auch nicht mehr zuhause im Himmel. Aber was ist überhaupt sein zuhause?

Vielleicht gilt für Gott der Werbespruch einer bekannten Outdoor-Klamotten-Marke: Draußen zuhause! Gott ist draußen zuhause, er ist unter den Menschen zuhause, er ist in seiner Welt, die er geschaffen hat, zuhause! Und nichts macht deutlicher als Weihnachten, dass Gott nicht im Himmel auf einer Wolke zuhause ist, sondern unter den Menschen, in seiner Welt!

Auch die Menschen, die sonst immer draußen sind, die Hirten, dürfen als erste das Kind sehen.

Gott gibt uns draußen ein Zuhause Wenn Gott draußen zuhause ist, wenn Weihnachten das offenbart, dann zeigt sich darin die überbordenden Menschenliebe Gottes. Gott möchte bei uns zuhause sein! Er wird Mensch, damit er bei dir, bei mir, bei ihr und bei ihm zuhause ist!

Papst Franziskus hat ein neues Bild von der Kirche geprägt: die Kirche soll ein Feldlazarett sein! Kein perfekter Tempel für einen Gott! Sondern ein notdürftiges Zelt für die Menschen, damit sie mit ihren Verletzungen, ihren Unvollkommenheiten, ihren enttäuschten Sehnsüchten zu Gott kommen können, der sie heilen will!

Auf seine Weise hat Papst Franziskus damit unsere Gedanken zu Weihnachten fortgeführt: Die heilige Familie ist außer Haus. Gott ist draußen zuhause, er wird Mensch und zeltet unter den Menschen.

Wem können wir in diesen Tagen draußen ein zuhause geben? Wie ungewöhnlich so eine Begegnung sein kann zeigt ein Gedicht der modernen Mystikerin Madeleine Delbrél. Sie wird die Mystikerin der Straße genannt. „Zusammen mit ein paar

Gefährten lebte sie in Ivry, der Hochburg des französischen Kommunismus, und versuchte unter diesen Bedingungen ein geistliches Leben zu leben, jenseits vorgegebener spirituelle Konzepte und Rollen – und zugleich verankert in der Tradition von Glaube und Kirche."[37]

Wenn ich nun den Text vorlese, können Sie das Café, in das hinein Delbrél geht, und den Stall, zu dem die heilige Familie Zuflucht sucht, geistig in Verbindung bringen. Beides werden Orte der Offenbarung der Gegenwart Gottes! Beides sind ungewöhnliche Orte! Eher Draußen-Orte! Jedenfalls keine wohligen Rückzugsorte! Aber so wie damals Gott im Stall geboren wurde, so will Gott durch uns in der heutigen Welt neu lebendig und erfahrbar werden. Weihnachten kann und darf auch heute immer wieder neu geschehen. Madeleine Debrél erzählt genau von so einem Weihnachtsfest heute:

Liturgie der Außenseiter

Du hast uns heute Nacht
in dieses Cafe „Le Clair de Lune" geführt.
Du wolltest dort du selbst sein, für ein paar Stunden der Nacht.
Durch unsere armselige Erscheinung,
durch unsere kurzsichtigen Augen,
durch unsere liebeleeren Herzen
wolltest du all diesen Leuten begegnen,
die gekommen sind, die Zeit totzuschlagen.
Und weil deine Augen in den unsren erwachen,
weil dein Herz sich öffnet in unserm Herzen, fühlen wir,
wie unsere schwächliche Liebe aufblüht,
sich weitet wie eine Rose,
zärtlich und ohne Grenzen
für all diese Menschen, die hier um uns sind.
Das Cafe ist nun kein profaner Ort mehr,
dieses Stückchen Erde,

das dir den Rücken zu kehren schien.
Wir wissen, dass wir durch dich
Ein Scharnier aus Fleisch geworden sind,
ein Scharnier der Gnade,
die diesen Fleck Erde dazu bringt,
sich mitten in der Nacht,
fast wider Willen,
dem Vater allen Lebens zuzuwenden.
In uns vollzieht sich das Sakrament deiner Liebe.
Wir binden uns an dich,
wir binden uns an sie
mit der Kraft eines Herzens,
das für dich schlägt.
Wir binden uns an dich,
wir binden uns an sie,
damit ein einziges mit uns allen geschehe.
Durch uns zieh alles zu dir. .
Zieh ihn zu dir, den alten Pianisten, der vergisst, wo er ist,
und der nur spielt aus Freude am guten Spiel,
die Geigerin, die uns verachtet
und jeden Strich um Geld verkauft,
den Gitarristen und den Akkordeonspieler,
die Musik machen für Leute,
die ihnen gleichgültig sind.
Zieh ihn zu dir, jenen traurigen Mann, der uns
seine so genannten fröhlichen Geschichten erzählt,
ebenso jenen Trinker,
der gerade die Treppe hinuntertaumelt,
auch jene müde dasitzenden Leute
zieh zu dir hin,
die verlassen hinter ihrem Tisch kauern und nur hier sind, um
nicht anderswo zu sein.
Durch uns zieh sie zu dir hin,
damit sie dir in uns begegnen,

denn du allein hast das Recht, dich ihrer zu
erbarmen.
Weite unser Herz, damit es alle zu fassen vermag;
präge sie ein,
damit sie für immer in unser Herz geschrieben seien. […]
Und unser Herz wird immer weiter
und immer schwerer
von der Last vielfacher Begegnung,
immer schwerer von der Last deiner Liebe,
unser Herz,
gebildet von dir,
bevölkert von unseren Schwestern und Brüdern, den Menschen.
Denn die Welt ist kein Hindernis, um für sie zu beten.
Wenn einige die Welt verlassen müssen, um sie zu finden,
so müssen andere in die Welt hineintauchen, um sich
emporzuschwingen mit ihr
zum gleichen Himmel.

Vier empfehlenswerte Bücher zum Thema:

- Nassehi, Armin: Die letzte Stunde der Wahrheit. Kritik der komplexitätsvergessenen Vernunft
- Dörner, Dietrich: Logik des Misslingens. Strategisches Denken in komplexen Situationen
- Schnabel, Ulrich: Zuversicht
- Welzer, Harald: Selbst denken

Anmerkungen:

[1] DIE ZEIT - Nr. 28, 05.07.2018 Interview von Heinrich Wefing mit Soziologe Armin Nassehi

[2] DIE ZEIT - Nr. 32, 02.08.2018 Interview mit Helga Nowotny. Das Gespräch Führten Ulrich Schnabel und Martin Spiewek

[3] DIE ZEIT - Nr. 32, 02.08.2018 Interview mit Helga Nowotny. Das Gespräch Führten Ulrich Schnabel und Martin Spiewek

[4] DIE ZEIT - Nr. 42, 11.10.2018 Genug der Apokalypse VON BERNHARD PÖRKSEN

[5] Vgl. Porksen: „Wie wird in Zeiten, in denen sich das Engagement gegen Populisten und Rechtsradikale und für eine gelingende Integration, gegen den Klimawandel und die Vermüllung des Planeten dringend intensivieren müsste, die Zukunft beschrieben? Die Antwort: düster, deterministisch und dystopisch."

[6] ZEIT Nr. 40, 2018 Was nicht in der Zeitung steht VON MARTIN SPIEWAK

[7] Sobrino, J.: Christologie der Befreiung, Bd I, 1998 Mainz, S. 283.

[8] Lehmann, K.; Raffelt, A.: Karl Rahner Lesebuch, 2014 Freiburg, S. 197.

[9] Lehmann, K.; Raffelt, A.: Karl Rahner Lesebuch, 2014 Freiburg, S. 198.

[10] Nassehi, Armin: Die letzte Stunde der Wahrheit. Kritik der komplexitätsvergessenen Vernunft, 2018 Hamburg, S.3

[11] Nassehi, Armin: Die letzte Stunde der Wahrheit. Kritik der komplexitätsvergessenen Vernunft, 2018 Hamburg,S.16

[12] Nassehi, Armin: Die letzte Stunde der Wahrheit. Kritik der komplexitätsvergessenen Vernunft, 2018 Hamburg,S.29.

[13] Nassehi, Armin: Die letzte Stunde der Wahrheit. Kritik der komplexitätsvergessenen Vernunft, 2018 Hamburg,S.29.

[14] Welzer S.139

[15] Dörner, D.: Logik des Misslingens. Strategisches Denken in komplexen Situationen, 2003 Hamburg, S. 317

[16] Vgl. auch die PSI-Theorie

[17] Vgl. Dörner, D.: Logik des Misslingens. Strategisches Denken in komplexen Situationen, 2003 Hamburg, S. S.62. Erfahrene Autofahrer bilden vom Verkehr Superzeichen, eine Gestalt, die das Ganze erfasst.

[18] Vgl. Dörner, D.: Logik des Misslingens. Strategisches Denken in komplexen Situationen, 2003 Hamburg, S. S.306

[19] ZEIT 3/2019, 19.1., S.33.

[20] Welt am Sonntag 52/2018, S. 40.

[21] Vgl. DIE ZEIT 3/2019, S.21.

[22] DIE ZEIT - Nr. 25, 14.06.2018 Wie radikal ist realistisch? Von Bernd Ulrich

[23] DIE ZEIT - Nr. 25, 14.06.2018 Wie radikal ist realistisch? Von Bernd Ulrich
[24] DIE ZEIT - Nr. 25, 14.06.2018 Wie radikal ist realistisch? Von Bernd Ulrich
[25] Andrea Jeska: Der Mann, der die Wüste aufhielt. S.75.
[26] Safranski: Das Böse oder das Drama der Freiheit, 1999 Frankfurt, S. 138
[27] Karl Rahner/Paul Imhof: Ignatius von Loyola, 1978, S. S.139.
[28] DIE ZEIT - Nr. 25, 14.06.2018 Der Abschied vom amerikanischen Zeitalter Von Herfried Münkler; DIE ZEIT - Nr. 21, 17.05.2018 Der amerikanische Präsident Donald Trump revolutioniert die Weltordnung. Von Thomas Assheuer
[29] Z. B. DIE ZEIT - Nr. 44, 25.10.2018 Der Feind in meinem Land Ein schwarzer Aktivist versöhnt sich mit Rassisten, aber nur fast.
[30] DIE ZEIT - Nr. 44, 25.10.2018 Was für ein Gebrüll! Aufgebrachte Mütter, alarmierte Experten: Der Dokumentarfilm „Elternschule" hat einen Shitstorm ausgelöst.
[31] DIE ZEIT - Nr. 44, 25.10.2018 Wo können wir noch richtig streiten? Von Jochen Wegner
[32] DIE ZEIT 40/18 Lob der Blase. Von Jens Jessen
[33] Bergson, H.: Philosophie der Dauer. Textauswahl von Gilles Deleuze, 2013 Hamburg, S. 19.
[34] DIE ZEIT 29/2017 Was Terroristen antreibt, Von Stefan Weidner
[35] Taleb, N. N.: Skin in the Game. Das Risiko und sein Preis, 2018 München, S. 180f.
[36] Karl Rahner/Paul Imhof: Ignatius von Loyola, 1978, S.23.
[37] Delbrel, M.: Gott einen Ort sichern 2018, S. 8